Aachener Studien zur Wirtschafts-, Sozial- und
Technologiegeschichte

Band 17

Paul Thomes, Christiane Katz (Hrsg.)

Von der Narration zur Methode

Neue Impulse in der historischen Biographieforschung

Shaker Verlag
Aachen 2016

Bibliografische Information der Deutschen Nationalbibliothek
Die Deutsche Nationalbibliothek verzeichnet diese Publikation in der Deutschen Nationalbibliografie; detaillierte bibliografische Daten sind im Internet über http://dnb.d-nb.de abrufbar.

Coverbild: Honi soit qui mal y pense. WHO'S WHO, London 1910.
Foto: Paul Thomes

Lehr- und Forschungsgebiet
Wirtschafts-, Sozial- und
Technologiegeschichte
RWTH Aachen
Kackertstraße 7
52072 Aachen

Copyright Shaker Verlag 2016
Alle Rechte, auch das des auszugsweisen Nachdruckes, der auszugsweisen oder vollständigen Wiedergabe, der Speicherung in Datenverarbeitungsanlagen und der Übersetzung, vorbehalten.

Printed in Germany.

ISBN 978-3-8440-4884-1
ISSN 2366-3693

Shaker Verlag GmbH • Postfach 101818 • 52018 Aachen
Telefon: 02407 / 95 96 - 0 • Telefax: 02407 / 95 96 - 9
Internet: www.shaker.de • E-Mail: info@shaker.de

Inhalt

Vorwort der Herausgeber   7
Paul Thomes und Christiane Katz

Von der Narration zur Methode – Einleitung   9
Paul Thomes und Christiane Katz

Franz Thedieck (1900-1995) und das Verhältnis zwischen Wissenschaft und Politik „von Weimar nach Bonn": eine biographische Annäherung   15
Christoph Brüll

Wer macht Karriere? „Black-Box", Netzwerk und Referenzrahmen: Methoden-Mix zur Analyse individualbiographischer Karrierewege eines Generals der Wehrmacht zwischen Kaiserreich und Bundesrepublik   39
Peter M. Quadflieg

Person(en) und Konzeption(en) – Biografische Forschung im Kontext ideen- und wirkungsgeschichtlicher Fragestellungen am Beispiel der Industrieschulbewegung   61
Peter Karl Becker

Die Wehrmachtjustiz und ihre Richter: Kollektivbiografie und NS-Täterforschung   79
Claudia Bade

„Fremde Welten" – Der Mensch und seine Biographie   95
Stefanie Westermann

Wie umgehen mit den „großen" Ärzten? Entwicklungslinien und Perspektiven der medizinhistorischen Biographik   109
Richard Kühl

Vorwort der Herausgeber

Pünktlich zum zehnjährigen Jubiläum des Aachener Kompetenzzentrums für Wissenschaftsgeschichte (AKWG) erscheint dieser Sammelband. Er basiert auf der vom Lehr- und Forschungsgebiet Wirtschafts-, Sozial- und Technologiegeschichte im Jahr 2011 veranstalteten Tagung „Zwischen Narration und Methode: Neue Impulse in der historischen Biographieforschung".

Die Tagungen des AKWG blicken ebenfalls auf eine kleine Tradition zurück, in deren Mittelpunkt der inter- und transdisziplinäre Erfahrungsaustausch steht. Dies gilt auch und insbesondere für die Veranstaltung des Jahres 2011. Sie problematisierte die im Tagungs- und Buchtitel angesprochene Grundthematik historischen Arbeitens, die entsprechend auch die Wissenschaftsdiskussion permanent umtreibt. Die Herausgeber hoffen gemeinsam mit den Autorinnen und Autoren, diese ermutigend-anstoßenden Zusammenhänge – wohl motiviert – im intensiven konstruktiv-kritischen Diskurs weiter voranzubringen.

An dieser Stelle möchten die Herausgeber nochmals ausdrücklich den Autorinnen und Autoren für ihre aktualisierten Beiträge und die engagierte Mitwirkung an diesem Band danken. Für die redaktionelle Beteiligung gilt der Dank Sarah Gatzlik, Miriam Klein, Lea Nießen, Jacqueline Tirai und nicht zuletzt Tobias Dewes, M.A.

Aachen, im Oktober 2016

Paul Thomes und Christiane Katz

Von der Narration zur Methode – Einleitung

Paul Thomes und Christiane Katz

Das Verfassen einer Biographie ist „akademischer Selbstmord"[1]. Noch 2001 urteilte Deirdre Bard mit drastischen Worten über diese Disziplin. Dennoch lässt sich für die letzten Jahre ein Boom der Biographie erkennen. So schrieb Bödecker bereits 2003 von einer „Renaissance der Biographie"[2]. Spricht dieser Boom, diese Renaissance auch für eine Weiterentwicklung der Disziplin? Dies wird gerne kritisch hinterfragt. Das Postulat der Wissenschaftlichkeit wird dem ungenügendem Theoriebezug historischer Biographien und der Tendenz zur reinen Nacherzählung einer Lebensgeschichte gegenübergestellt. Hierzu sind zahlreiche Abhandlungen erschienen, die sich mit biographietheoretischen Aspekten beschäftigen und somit den wissenschaftlichen Diskurs um die Biographie vorantreiben.[3] Als vorläufiges Urteil zur Biographie selbst lässt sich festhalten: Das besondere Vermittlungspotential der Biographie durch die Veranschaulichung abstrakter Prozesse und die Verdeutlichung von Fremdheit etwa, lässt die

---

[1] Bair, Deirdre, Die Biografie ist akademischer Selbstmord, in: Literaturen, Nr. 7/8 (2001), S. 38.
[2] Bödecker, Hans Erich, Biographie. Annäherungen an gegenwärtigen Forschungs- und Diskussionsstand, in: Bödecker, Hans Erich (Hg.), Biographie schreiben (Göttinger Gespräche zur Geschichtswissenschaft, Bd. 18), Göttingen 2003, S. 9-63, hier S. 12.
[3] Vgl. Bödecker, Hans Erich, Biographie. Annäherungen an gegenwärtigen Forschungs- und Diskussionsstand, 2003 (wie Anm. 2), S. 20; Pyta, Wolfram, Geschichtswissenschaft, in Klein, Christian (Hg.), Handbuch Biographie. Methoden, Traditionen, Theorien, Stuttgart 2009, S. 331-338, hier, S. 336; Hardes, Levke, Legitimizing Biography. Critical Approaches to Biographical Research, in: Bulletin of the German Historical Institute, Nr. 55 (Herbst 2014), S. 49-56, hier S. 50. Der Hinweis auf den Mangel an Theorie- und Methodeneinsatz ist ein verbindendes Element in der Biographik, der bereits vor mehr als 100 Jahren diskutiert wurde (Engelberg, Ernst/Schleier, Hans, Zur Geschichte und Theorie der historischen Biographie, in: Zeitschrift für Geschichtswissenschaft, Jg. 38 (1990), S. 195-217, hier S. 195). Zur Entwicklung des Diskurses um theoretische Belange vgl. ebd. oder Klein, Christian, Einleitung. Biographik zwischen Theorie und Praxis. Versuch einer Bestandsaufnahme, in: Klein, Christian (Hg.), Grundlagen der Biographik. Theorie und Praxis des biographischen Schreibens, Stuttgart, Weimar 2002, S. 1-22.

Biographie als wissenschaftliches Analyseformat gleichwohl relevant bzw. lebendig bleiben.[4]

In der Literatur zur Geschichte der Biographik sind viele wiederkehrende Entwicklungen, Themen und Streitpunkte identifizierbar. Sie alle sind dafür verantwortlich, dass die Biographik eine Weiterentwicklung erfährt. Sie befindet sich gerade aktuell im Wandel. Einige der wiederkehrenden Fragen in diesem Wandlungsprozess greift der vorliegende Band auf und thematisiert diese aus biographiepraktischer Perspektive. Die Beiträge basieren auf den Vorträgen einer Tagung des Aachener Kompetenzzentrums für Wissenschaftsgeschichte, organisiert vom Lehr- und Forschungsgebiet Wirtschafts-, Sozial- und Technologiegeschichte, die unter dem Titel „Zwischen Narration und Methode: Neue Impulse in der historischen Biographieforschung" Wissenschaftsdiskurse aus der Biographik aufgriff.

Die Frage nach der Biographiewürdigkeit von Personen ist naturgemäß eine der wichtigsten in der Biographik. Die Motive, und damit in gewisser Weise auch die Methode, vergangener Biographik liegen auf der Hand: Es ging vorrangig um die Generierung bzw. Vermittlung von Faszination, Legitimierung, Idealisierung und Mythisierung. Doch die Biographik hat sich längst vom Kredo „Männer machen Geschichte" und auch von Diltheys Beschränkung der Biographie auf historisch bedeutsame Personen emanzipiert.

Sozialgeschichte, Alltagsgeschichte und Oral History haben die Biographiewürdigkeit als Resultat eines kritischen Diskurses seit den 1970er und 1980er Jahren ausgeweitet, so dass theoretisch Jeder/Jede biographiewürdig ist. Es geht nun um Menschen, nicht Männer, es geht um alle Menschen, nicht nur „große", bedeutende Menschen. Und es geht darum, den Menschen in Ihrer Individualität oder Kollektivität gerecht zu werden. Vor diesem Postulat bleiben narrativunkritische Ansätze, wie sie lange im 20. Jahrhundert dominierten, zunehmend auf der Strecke. Die Abkehr von den großen Persönlichkeiten resultierte zunächst in einer Krise der Biographik, die aber als abgewendet gedeutet werden kann.[5] Zudem zeigt der aktuelle Publikationstrend, dass sich Personen aus der

---

[4] Hähner, Olaf, Historische Biographik. Die Entwicklung einer geschichtswissenschaftlichen Darstellungsform von der Antike bis ins 20. Jahrhundert (Geschichte und ihre Hilfswissenschaften Bd. 829), Frankfurt a.M. u.a. 1999, S. 259.
[5] Bödecker, Hans Erich, Biographie. Annäherungen an gegenwärtigen Forschungs- und Diskussionsstand, 2003 (wie Anm. 2), S. 12.

ersten Reihe trotz des Wandels in der Biographik nachvollziehbar immer noch großer Beliebtheit erfreuen.[6] Die dennoch feststehende Auflösung der Bindung der Biographiewürdigkeit an bedeutende Persönlichkeiten aus der ersten Reihe rückt aber auch neue Herausforderungen für die Auswahl eines Subjektes und für die Begründung der Biographiewürdigkeit in den Vordergrund.

Christoph Brüll und Peter M. Quadflieg befassen sich in ihren jeweiligen Beiträgen zu diesem Sammelband unter anderem mit der Biographiewürdigkeit von Personen aus der ‚zweiten Reihe', wie sie spätestens seit den 1970er Jahren in den Fokus der Aufmerksamkeit rückten. Ähnliches gilt für Personen der Alltagsgeschichte, und damit weniger Prominente.[7] Dass gerade die Analyse von Protagonisten der zweiten Reihe Aussagekraft besitzt zu strukturellen Themen wie der Frage nach Elitenkontinuität, die exemplarisch für die Frage nach Kohärenz und Brüchen in einem Lebenslauf verstanden werden kann, demonstrieren sowohl Quadflieg als auch Brüll.

Biographisch rekonstruierte Kontinuität kann nach Ulrich Raulff als „Fiktion" oder auch „Legende" verstanden werden und stellt damit eine der möglichen Stolpersteine für den Biographen dar.[8] Brüll stellt sich dieser Herausforderung und hinterfragt die biographische Kontinuität des Politikers und Beamten Franz Thedieck als Vermittler zwischen Wissenschaft und Politik. Dem Autor ist es wichtig, die Kontinuität zwischen den verschiedenen Wirkungskreisen in der Laufbahn Thediecks nicht nur zu konstruieren, sondern auch kritisch zu hinterfragen. Er verdeutlicht, welcher Teil der Biographie und Persönlichkeit von Thedieck als Konstante verstanden werden kann und welcher letztendlich als konstruiert zu bewerten ist. Der Gefahr, der Illusion von biographischer Kontinuität zu erliegen, möchte der Autor durch die bewusste Einnahme verschiedener Perspektiven in seiner Vorgehensweise entgehen.

---

[6] Schweiger, Hannes, >Biographiewürdigkeit<, in: Klein, Christian (Hg.), Handbuch Biographie. Methoden, Traditionen, Theorien, Stuttgart 2009, S. 32-36, hier S. 34.
[7] Dies betont u.a. die Mikrogeschichte, welche die Bedeutung beispielhafter und nicht herausragender Akteure hervorhebt (Renders, Hans/de Haan, Binne, Introduction. The Challenges of Biography Studies, in: Renders, Hans/de Haan, Binne (Hg.), Theoretical Discussions of Biography. Approaches from History, Microhistory, and Life Writing, Lewiston, Queenston 2013, S. 1-14, hier S. 8f.).
[8] Raullf, Ulrich, Das Leben – buchstäblich. Über neuere Biographie und Geschichtswissenschaft, in: Klein, Christian (Hg.), Grundlagen der Biographik. Theorie und Praxis des biographischen Schreibens, Stuttgart, Weimar 2002, S. 55-68, hier S. 57.

Quadflieg stellt – nachdem er zunächst die Biographiewürdigkeit seines Protagonisten hinterfragt – insbesondere die methodische Herangehensweise an die Biographie von Gerhard Graf von Schwerin vor. Unter Zuhilfenahme einer methodischen Mischung aus Referenzrahmentheorie, Netzwerkanalyse und „Black Box" gelingt es ihm strukturiert und transparent, die Frage nach Elitenkontinuität anhand von Entscheidungen im Karriereverlauf zu hinterfragen.

Die Polarisierung zwischen Strukturgeschichte und Biographie, die u.a. zu einer Infragestellung letzterer in den 1970er und 1980er Jahren führte, ist inzwischen aufgehoben. Biographie als Mikrogeschichte ermöglicht anerkanntermaßen zahlreiche Rückschlüsse auf gesellschaftliche Strukturen und ergänzt die Strukturgeschichte um wertvolle individuelle Einblicke, womit zugleich die Existenz des Individuums in der historischen Literatur gesichert ist.

Wie sich Biographie und Struktur- sowie Ideengeschichte hervorragend miteinander verbinden lassen, zeigt Peter Becker in seinem Beitrag zu der Industrieschulbewegung und dem Protagonisten Melchior Ludolphus Henricus Herold. Er vereint in seinem biographischen Fallbeispiel Ideengeschichte, Netzwerke und Biographie. Unter Zuhilfenahme des mikrobiographischen Zugriffs untersucht er die Denkmuster und das Handeln von Akteuren aus der zweiten Reihe. Becker plädiert für eine Erweiterung der Ideengeschichte durch einen solchen historischen Zugang, weist aber auch auf die Gefahren und Grenzen dieses Ansatzes hin. So gesehen kann die Biographie wie bei Ulrich Herbert als „Sonde"[9] verstanden werden, die auf einer Mikroebene das Fallbeispiel für einen strukturgeschichtlichen Befund überprüft, als Mikro- bzw. Individualfundierung strukturhistorischer Phänomene.

In die Lücke zwischen Einzelbiographie und Strukturgeschichte, quasi als „eine Verbindung aus Sozialgeschichtsschreibung und Individualbiographie"[10], ist die Kollektivbiographie getreten. Hierbei geht es um die Identifikation von Unterschieden und Gemeinsamkeiten zwischen Individuen innerhalb einer konstitu-

---

[9] Herbert, Ulrich, Best. Biographische Studien über Radikalismus, Weltanschauung und Vernunft, 1903-1989, Bonn 2011, S. 25.
[10] Schweiger, Hannes, Die soziale Konstituierung von Lebensgeschichten. Überlegungen zur Kollektivbiographik, in: Fetz, Bernhard (Hg.), Die Biographie. Zur Grundlegung ihrer Theorie, Berlin, New York 2009, S. 317-352, hier S. 317.

ierten Gruppe, die das Handel und die Biographie prägen.[11] Auch diese Form der Biographie kann wie die Berücksichtigung von „einfachen" Menschen als „Antwort auf den gegen die Biographie immer wieder vorgebrachten Vorwurf der Heroisierung auf Kosten der Kontextualisierung einer Lebensgeschichte" verstanden werden[12].

Einer solchen Kollektivbiographie widmet sich der Beitrag Claudia Bades. Sie untersucht zwei Gruppen von Richtern an Wehrmachtsgerichten und rekonstruiert die Verhaltensmuster der Richter in der Spruchpraxis. Dabei hinterfragt sie die Handlungsmotive dieser Personen und identifiziert Rituale, Handlungsmuster und -spielräume. Die Autorin verdeutlicht in ihrem Beitrag, dass sich Gemeinsamkeiten und Bindeglieder in den Untersuchungsgruppen finden lassen. Aber sie zeigt ebenso auf, dass eine klar definierbare Kohärenz, auch gerade im Vergleich zwischen den beiden Untersuchungsgruppen, nicht zwingend vorhanden ist. Der Aufsatz thematisiert in diesem Kontext von Kohärenz in einer Untersuchungsgruppe die Frage nach den Grenzen biographischer Wissenschaft und Erkenntnis.

Ebenso interessiert sich Stephanie Westermann für die Grenzen der Biographie und vor allem des Biographen, aber aus einem ganz anderen Blickwinkel. Westermann setzt sich mit den ethischen Grenzen der Erkenntnis auseinander. Die Autorin ergründet die Antwort auf die Frage, was im Recherche- und Schreibprozess erlaubt sein sollte und was nicht. Anhand des Fallbeispiels einer Kollektivbiographie der Gruppe Zwangssterilisierter im Nationalsozialismus erörtert sie einfühlsam die Grenzen, die dem Erkenntnisinteresse zum einen durch die Zuordnung zu einer Gruppe und zum anderen durch das Quellenmaterial gesetzt werden. Hierbei kann die Akzeptanz der Grenze, die aufgrund der Fremdheit einer Person entsteht, hilfreich sein. Eine zentrale Erkenntnis: Die biographische Forschung kann lediglich eine Annäherung an bestimmte Charakteristika ermöglichen.

Richard Kühl analysiert in seinem Beitrag umfassend den Entwicklungsprozess einer historischen Teildisziplin, der Medizingeschichte. Am Beispiel der Bio-

---

[11] Hardes, Levke, Legitimizing Biography. Critical Approaches to Biographical Research, in: Bulletin of the German Historical Institute, Nr. 55 (Herbst 2014), S. 49-56, hier S. 53.
[12] Harders, Levke/Schweiger, Hannes, Kollektivbiographische Ansätze, in: Klein, Christian (Hg.), Handbuch Biographie. Methoden, Traditionen, Theorien, Stuttgart 2009, S. 194-198, hier S. 194.

graphie in der Medizingeschichte wird der Wandel der Biographik von der Hagiographie zu wissenschaftlich fundierten, kritischen Biographien deutlich. Im Teilbereich der medizinhistorischen Biographie lassen sich viele Entwicklungsschritte aus der historischen Biographie im Allgemeinen wiederfinden. Kühl verdeutlicht exemplarisch die Konfliktpunkte, welche die Entwicklung der Biographie bestimmten und bestimmen und die auch die Fallstudien in diesem Band aus biographiepraktischer Perspektive spiegeln.

Die Autorinnen und Autoren tragen in diesem Sinne dazu bei, Diskussionen innerhalb der Biographik aufzugreifen, zu verdeutlichen und weiterzuentwickeln. Indem sie den Blickwinkel über theoretische Postulate hinaus erweitern, leisten sie einen wertvollen Beitrag zur Biographik.

Franz Thedieck (1900-1995) und das Verhältnis zwischen Wissenschaft und Politik „von Weimar nach Bonn": eine biographische Annäherung

Christoph Brüll

WER WAR FRANZ THEDIECK? CHRONOLOGISCHE UND THEMATISCHE ZUGÄNGE ZU EINER BIOGRAPHIE

Franz Thedieck war ein „deutscher Beamter im 20. Jahrhundert"[1]: Funktionär des preußischen Innenministeriums und des Regierungsbezirks Köln zur Zeit der Weimarer Republik; Regierungsrat und Oberregierungsrat im Regierungspräsidium Köln seit 1931; Oberkriegsverwaltungsrat in der Militärverwaltung für Belgien und Nordfrankreich während des Kriegs (bis 1943); Rückkehr ins Regierungspräsidium Köln in der Nachkriegszeit und schließlich Staatssekretär im Bundesministerium für Gesamtdeutsche Fragen (BMG) bis 1964.[2] Zudem fungierte er im Rentenalter von 1966 bis 1972 als Intendant des Deutschlandfunks. Der erste kurze Blick auf den beruflichen Werdegang lässt die Kontinuität seiner Verwendung im Beamtendienst deutlich werden. Eine – bis auf seine Entfernung aus der Militärverwaltung (die aber in der Nachkriegszeit zum Vorteil werden sollte) und einen kurzzeitigen Ausschluss aus der Bezirksverwaltung durch die Briten – fast stetig nach oben führende Laufbahn: Eine deutsche Beamtenlaufbahn im 20. Jahrhundert, die zur Suche nach Kontinuitäten und Brüchen geradezu einlädt.

Schauen wir etwas genauer hin: Nach dem Abschluss des Studiums zum Diplom-Landwirt an der Landwirtschaftlichen Hochschule in Bonn-Poppelsdorf – parallel hatte er auch Volkswirtschafts- und Jura-Vorlesungen in Köln belegt – wurde Thedieck 1924 zum stellvertretenden Leiter der Abwehrnebenstelle des

---

[1] Die Analogie ist bewusst gewählt mit der biographischen Studie von Dunkhase, Jan Eike, Werner Conze. Ein deutscher Historiker im 20. Jahrhundert, Göttingen 2010.
Der diesem Beitrag zugrunde liegende Vortragsstil wurde weitgehend beibehalten.
[2] Eine erste Annäherung an die Gesamtbiographie durch den Verfasser findet sich in Brüll, Christoph, Franz Thedieck (1900-1995) – „Zeitgenosse des Jahrhunderts", in: Historisch-Politische Mitteilungen, Nr. 20 (2013), S. 341-370. Dort wird auch die einschlägige Literatur diskutiert.

preußischen Innenministeriums in Köln ernannt, mit der Aufgabe, den Kampf gegen den rheinischen Separatismus zu organisieren. Sein Vorgesetzter war eine schillernde Persönlichkeit: der Kärntner Volkstumskämpfer Hans Steinacher,[3] zu dem eine lebenslange Freundschaft entstehen sollte. Nach dem Ende dieser Tätigkeit (seit 1927 als Leiter) im Jahr 1929 verdingte sich Thedieck – der erste, bislang unerklärte „Karriereknick" – während zwei Jahren als Hilfsarbeiter in der Stadtverwaltung von Köln-Mühlheim, bevor er 1931 als Regierungsrat zum Regierungspräsidium nach Köln kam. Zu seinen Aufgaben gehörte dort die Organisation des „Grenzlandkampfes" in Eupen-Malmedy und Luxemburg.[4] Nach der NS-Machtübernahme im Jahr 1933 verblieb Thedieck an seinem Platz und behielt seine Aufgaben, unter anderem als Sonderbeauftragter für Eupen-Malmedy. Der 1936 ins Amt gekommene Regierungspräsident Eggert Reeder[5] berief ihn im November 1939 in eine Gruppe von Beamten, die mit den Vorbereitungen zur Errichtung einer Besatzungsverwaltung in Belgien betraut worden war. Nach dem deutschen Einmarsch in Belgien und der Errichtung der Militärverwaltung in Belgien, stieg Thedieck zum Generalreferenten auf und war de facto die „rechte Hand" des Chefs der Militärverwaltung Eggert Reeder. Zu seinen maßgeblichen Aufgaben gehörten die Kulturpolitik und die Verbindung zur katholischen Kirche, namentlich zu Kardinalprimas van Roey, dem Erzbischof von Mecheln.[6] Auf Betreiben von Heinrich Himmler, der ihn als „wenig wün-

---

[3] Retterath, Hans-Werner, Art. Hans Steinacher, in: Haar, Ingo/Fahlbusch, Michael (Hg.), Handbuch der völkischen Wissenschaften, München 2008, S. 651-656; ders., Hans Steinacher: Die Stilisierung zum ersten Soldaten des „Volkstumskampfes" und nach 1945 zum NS-Opfer, in: Fahlbusch, Michael/Haar, Ingo (Hg.), Völkische Wissenschaften und Politikberatung im 20. Jahrhundert, Expertise und „Neuordnung" Europas, Paderborn 2010, S. 153-176. Zu unkritisch, aber dokumentarisch interessant: Jacobsen, Hans-Adolf (Hg.), Hans Steinacher. Bundesleiter des VDA 1933-1937. Erinnerungen und Dokumente, Boppard 1970.
[4] Lejeune, Carlo, Die deutsch-belgischen Kulturbeziehungen 1925-1980. Wege zur europäischen Integration?, Köln 1993; Kartheuser, Bruno, Die 30er Jahre in Eupen-Malmedy. Einblick in das Netzwerk der reichsdeutschen Subversion, Neundorf 2001.
[5] Wilken, Holger, Diener in Köln, Herr in Brüssel? Eggert Reeder 1933-1945, Hamburg 2010; Seibel, Wolfgang, Polykratische Integration: Nationalsozialistische Spitzenbeamte als Netzwerker in der deutschen Besatzungsverwaltung in Belgien 1940-1944, in: ders./Reichardt, Sven (Hg.), Der prekäre Staat. Herrschen und Verwalten im Nationalsozialismus, Frankfurt a.M. 2011, S. 241-273.
[6] De Jonghe, Albert, La lutte Himmler-Reeder pour la nomination d'un HSSPF à Bruxelles, in: Cahiers d'Histoire de la Seconde Guerre mondiale, Nr. 3 (1974), S. 103-173, Nr. 4 (1976), S. 6-159, Nr. 5 (1978), S. 5-172, Nr. 7 (1982), S. 95-184, Nr. 8 (1984), S. 5-234; Dantoing, Alain, La collaboration du Cardinal. L'Eglise de Belgique dans la Guerre 40, Brüssel 1991. Hinweise auf diese Verbindung finden sich auch in einer Rechtfertigungsdarstellung des Erz-

schenswerte[n] – um nicht zu sagen als unselige[n] Ratgeber auf politischem Gebiet in Belgien" betrachtete[7], wurde er im April 1943 aus der Militärverwaltung entlassen und als Hauptmann bei der 7. Flakdivision eingesetzt, wo er im April 1945 in Frankreich in amerikanische Kriegsgefangenschaft geriet. Nach seiner Entlassung im Oktober 1945 trat er – wie erwähnt – wieder in den Dienst der Kölner Regierung ein, wurde jedoch auf Betreiben der englischen Besatzungsmacht im Frühjahr 1946 aus seinen Funktionen entlassen. Im Sommer 1947 musste er sich in einem Prozess wegen „Täuschung der Alliierten" verantworten – Thedieck hatte in seinem Entnazifizierungsfragebogen durchaus lückenhaft über seine Tätigkeiten als Grenzlandreferent im Regierungspräsidium Köln informiert.[8] Er wurde zu einem Jahr Haft verurteilt, die Vollstreckung wurde jedoch ausgesetzt. Bald darauf konnte er seinen Dienst wieder antreten und wurde er als „entlastet" eingestuft.[9] Im Herbst 1949 machte ihm sein langjähriger Bekannter Jakob Kaiser, nunmehr Minister im neu geschaffenen Bundesministerium für Gesamtdeutsche Fragen, das Angebot, sein beamteter Staatssekretär zu werden. Trotz der anfänglichen Skepsis Konrad Adenauers, der aufgrund der Vergangenheit Thediecks – den er seit den 1920er Jahren persönlich kannte – Befürchtungen bezüglich der Reaktion der westeuropäischen Nachbarn hegte und deshalb Bedenken gegen eine solche Ernennung hatte, erfolgte im Juli 1950 die Bezeichnung. Dreizehn Jahre lang war Thedieck der „starke Mann" im Ministerium, ein politischer Beamter par excellence.[10] Nach seinem Ausscheiden aus dem Ministerialdienst übernahm er zwischen 1964 und 1967 den Vorsitz der Konrad-Adenauer-Stiftung.

---

bistums Mecheln: Le Cardinal van Roey et l'occupation allemande en Belgique. Actes et documents publiés par le chanoine Leclef, Brüssel 1945.
[7] Himmler an Reeder, 16.2.1943, Abschrift, Bundesarchiv Koblenz, N 1174/54.
[8] Die Prozessakten finden sich im Nachlass Franz Thedieck: Bericht über die Verhandlung des Control Commission High Court gegen Oberregierungsrat Thedieck am 18.-21. August 1947, Bundesarchiv Koblenz N1174, Bd. 55. Bemerkenswerterweise kam seine Tätigkeit für die Militärverwaltung in Brüssel bei dem Prozess kaum zur Sprache. Sie hatte allerdings auch nicht zu den Anklagepunkten gehört. Die Thediecksche Selbststilisierung zum „Mann des Widerstands", die in diesem Beitrag nicht thematisiert werden kann, war allerdings auch kein Grund für die Verurteilung.
[9] Brüll, Thedieck, 2013 (wie Anm. 2), S. 348-354.
[10] Creuzberger, Stefan, Kampf für die Einheit. Das gesamtdeutsche Ministerium und die politische Kultur des Kalten Krieges 1945-1969, Düsseldorf 2008, bes. S. 65-75; Ludwig, Bernard, Anticommunisme et guerre psychologique en République Fédérale d'Allemagne et en Europe (1950-1956). Démocratie, diplomatie et réseaux transnationaux, unveröffentlichte Dissertation, Université Paris-I Panthéon-Sorbonne, 2011.

Bei der Suche nach thematischen Zugängen zu dieser Biographie – die aus einem solchen Lebenslauf erst den Stoff für eine auch gesellschaftsgeschichtlich relevante wissenschaftliche Annäherung machen – wird der Historiker im Fall Thedieck rasch fündig. Thedieck stammte aus einer Beamtenfamilie mit westfälischen Wurzeln (Franz Thedieck wurde in Hagen geboren), die es ins Rheinland verschlug – sein Vater brachte es bis zum Landgerichtsdirektor in Köln. Politisch engagierte sich Thedieck mit 19 Jahren für zwei Jahre in der antirepublikanischen und monarchistischen Deutschnationale Volkspartei (DNVP) – sein bisher noch nicht genauer untersuchtes militärisches Engagement als Matrose in Schleswig-Holstein wird dabei sicher eine Rolle gespielt haben. 1929 trat er in das Zentrum ein. Im Dritten Reich wurde er Mitglied des NS-Beamtenbundes, trat jedoch nie in die NSDAP ein. 1945 gehörte er zu den ersten Mitgliedern der CDU in Köln. Zwei offensichtliche biographische Konstanten werden rasch deutlich: zum einen eine Nähe zum politischen Katholizismus, die jedoch, wie seine Ehescheidung 1940 und Wiederverheiratung 1941 zeigen, nicht mit einer strengen religiösen Einstellung einhergehen musste. Zum anderen ein Nationalismus, der in der Zeit nach 1918 wegen seines Kampfs gegen separatistische Bestrebungen im Rheinland deutlich den Geist des Revanchismus atmete (hier ist auf die Mitgliedschaft und aktive Tätigkeit im Verein (bis 1933)/ Volksbund für das Deutschtum im Ausland (VDA) zu verweisen). Auch nach 1945 behielt Thedieck ein ungebrochen positives Nationsverständnis, das sich beispielsweise in seinem stetigen (auch beruflichen) Engagement für die Vertriebenenverbände manifestierte. Eindeutig in die Zeit nach 1945 fällt als weitere Konstante ein ebenso vehementer wie starrer Antikommunismus, für den sich vorher keine Anzeichen finden bzw. der vorher keine Rolle in seinen Ansichten gespielt zu haben scheint.

Nach 1945 und erst recht seit 1950 war Thedieck zu einem Motor der „Geschichtspolitik" der ehemaligen Angehörigen der Militärverwaltung in Brüssel geworden. Mit seinen Aussagen im Brüsseler Prozess von 1951 gegen den Militärbefehlshaber Alexander von Falkenhausen und den Chef der Militärverwaltung Eggert Reeder, seiner Korrespondenz mit den ehemaligen Mitstreitern und seinem bereitwilligen Engagement als „Zeitzeuge" für Historiker hat Thedieck maßgeblich das Bild einer „sauberen" Militärverwaltung im Kampf gegen die

SS und den Sicherheitsdienst des Reichsführers-SS mitgezeichnet.[11] Entscheidend daran beteiligt war auch der Historiker Franz Petri (1903-1993), selbst ein ehemaliger „Brüsseler", dessen wissenschaftliche Reputation zumal in Flandern und den Niederlanden nach dem Krieg soweit unbestritten war, dass er beispielsweise in den 1970er Jahren die einschlägigen Artikel zur Militärverwaltung in der ersten Ausgabe der *Encyclopodie van de Vlaamse Beweging* verfasste.[12] Dieser Kontakt ist nur ein Beispiel für eine biographische Kontinuität, die sich bei Thedieck seit seiner ersten beruflichen Tätigkeit im Köln der 1920er Jahre nachweisen lässt. Als politischer Beamter und in seinem außerberuflichen Engagement trat er als ein Vermittler zwischen Wissenschaftlern – hier vor allem die Historiker – und Politikern auf. Im Folgenden soll auf diese Rolle näher eingegangen werden, wobei schließlich versucht wird, die Problematik einer solchen biographischen Kontinuität für den Biographen mit zu reflektieren.

THEDIECK, EINE NATIONALPOLITISCHE AUFGABE UND DIE „WESTFORSCHUNG"

Ein Teil des ersten beruflichen Engagements Thediecks in der Abwehrnebenstelle Köln im Kampf gegen den rheinischen Separatismus kann der so genannten nationalpolitischen Bildung zugerechnet werden. Hier tummelten sich in den 1920er Jahren zahlreiche Organisationen und Akteure, wobei Thediecks Tätig-

---

[11] Gerade die deutsche Literatur hat dieses Bild verfestigt: Wagner, Wilfried, Belgien in der deutschen Politik während des Zweiten Weltkrieges, Boppard 1974; Weber, Wolfram, Die Innere Sicherheit im besetzten Belgien und Nordfrankreich, 1940-1944, Düsseldorf 1978. Aber auch de Jonghe, La lutte Himmler-Reeder verlässt sich an einigen Stellen zu sehr auf die Nachkriegsaussagen. Die neuere Literatur zeichnet hier ein wesentlich komplexeres Bild, ohne jedoch die historiographiegeschichtliche Dimension zu problematisieren. S. Meinen, Insa, Die Shoah in Belgien, Darmstadt 2009, S. 17-20; Majerus, Benoît, Vorstellungen von der Besetzung Belgiens, Luxemburgs und der Niederlande, in: Echternkamp, Jörg/Martens, Stefan (Hg.), Der Zweite Weltkrieg in Europa. Erfahrung und Erinnerung, Paderborn 2007, S. 35-43. Zur Geschichtspolitik der ehemaligen „Brüsseler" s. Brüll. Thedieck, 2013 (wie Anm. 2), S. 364-365; Brüll, Christoph, Un diplomate allemand en Belgique. Werner von Bargen (1898-1975) dans le débat autour de l'Auswärtiges Amt durant le „Troisième Reich" et la jeune République fédérale d'Allemagne, in: Dumoulin, Michel/Lanneau, Catherine (Hg.), La biographie individuelle et collective dans le champ des relations internationales, Brüssel 2016, S. 61-105, hier S. 101-102; Beyen, Marnix/ Weers, Svenja, Een anti-politieke "Homo Politicus": De naoorlogse correspondentie van "Militärverwaltungschef" Eggert Reeder (1948-1959), in: Belgische Tijdschrift voor Nieuwste Geschiedenis, 2013/1, p. 46-77.
[12] Franz Petri, Entwurf für Art. Franz Thedieck, in: Encyclopedie van de Vlaamse Beweging, 1970/71, LWL-Archivamt Münster, NL 914, Bd. 109, Bl. 115.

keit vorwiegend darin bestand, Tagungen zu organisieren und Redner zu engagieren. Aus einem Bericht vom Jahreswechsel 1924/1925 erfahren wir etwas über die Vorstellung, die sich der damals 25-Jährige von seiner Arbeit machte:

> „Bei der großen Bedeutung der Volksbildungsarbeit für die nationale Willensbildung erfordern alle Bestrebungen volksbildnerischer Art die größte Aufmerksamkeit aller zuständigen Behörden. Ist dies schon ganz allgemein der Fall, so muss das Problem der Volksbildungsarbeit in erhöhtem Maße in den national gefährdeten Gebieten Beachtung erfordern. Die Volksbildungsarbeit, die auf der Heimatpflege aufgebaut [sic], kann je nach ihrer Anwendung die besten Früchte für die Entwicklung des nationalen Gemeinschaftsgefühls tragen, oder aber der geistigen Unterbauung partikularistischer und separatistischer Bestrebungen dienen. Sie ist für den Staat in den national gefährdeten Gebieten nur dann von Wert, wenn sie mit vollem Bewusstsein zur Bejahung des Zusammenhangs mit der Gesamtnation erziehen will. […] In diesem Falle aber muss sich der Staat dieses wichtigen nationalen Erziehungsmittels in möglichst hohem Maße bedienen."[13]

In dem Bericht führte Thedieck das Beispiel einer Tagung des Rheinischen Heimatbundes aus dem Oktober 1924 an. Dort hatte der damals sehr bekannte Schriftsteller Alfons Paquet (1881-1944) einen Vortrag mit dem Titel „Rheinland und Deutschland" gehalten, der laut Thedieck „zeigte, […] wie man es nicht machen soll"[14]. Auf der Grundlage seiner Bücher „Der Rhein als Schicksal" (1920) und „Der Rhein eine Reise" (1923) bezeichnete Paquet – im Bericht Thediecks – „das Stromgebiet des Rheins [als] ein selbständiges Zwischenland zwischen Ost und West, dessen Aufgabe es sei, als Völkerbrücke und Bindeglied zu wirken". Thedieck hielt es für „im höchsten Maße bedenklich", wenn „solche Auffassungen den Leuten eingeimpft werden, die die nationale Erziehungsarbeit innerhalb der bedrohten Gebiete des preußischen Staates leisten sollen"[15]. Wie die nationalpolitische Bildung in seinen Augen auszusehen hatte, wurde noch auf derselben Tagung vorgeführt:

> „In der wissenschaftlichen und praktischen Arbeit, wie sie Professor [Hermann] Aubin und sein Institut für geschichtliche Landeskunde der Rheinprovinz leistet, zeigte sich dann gleich, wie die Möglichkeiten der heimatpflegerischen Volksbildungsarbeit sich in nationalpolitischem Sinne auswerten lassen. In diesem Institut,

---

[13] Bericht zur Volksbildungsarbeit im Rheinland, o.D. [Der Bericht legt einen Entstehungszeitraum zum Jahreswechsel 1924/1925 nah], Bundesarchiv Koblenz N 1174/40, S. I.
[14] Zur Biographie Paquets s. die von Wissenschaftlern betriebene Webseite www.alfonspaquet.de (letzter Zugriff am 02.06.2016).
[15] Bericht zur Volksbildungsarbeit im Rheinland, o.D. [Der Bericht legt einen Entstehungszeitraum zum Jahreswechsel 1924/1925 nah], Bundesarchiv Koblenz N 1174/40, S. IV-V.

dessen Ausbau von politischen Gesichtspunkten aus höchst wichtig erscheint, ist die Stelle geschaffen, die die notwendige Schulung von Führern für die praktische Volksbildungsarbeit im Lande durchführen kann. Der Staat darf sich dieses wertvolle Mittel für die nationale Arbeit nicht entgehen lassen, er muss vielmehr den Ausbau dieser Stelle außer von wissenschaftlichen auch von politischen Gesichtspunkten aus möglichst fördern."[16]

Für den Biographen ist dieser Bericht aufschlussreich, nicht zuletzt, weil der Beamte Thedieck nicht bloß berichtet, sondern wertet. Am deutlichsten tritt der deutschnationale (oder preußischnationale) Ton hervor. Dies kann angesichts der Natur seiner Tätigkeit kaum überraschen, wirft jedoch die Frage auf, wo diese nationale Gesinnung ihren Ursprung hat. Ein im hohen Alter von Thedieck verfasster Text gibt – jenseits einer gewissen Verklärung – Aufschluss. In „Alltag im Kaiserreich" erwähnt Thedieck die recht positive Beurteilung der „preußisch-deutschen Politik" in seinem Elternhaus.[17] Sein Realgymnasium Köln-Lindenthal (1911-1918) beschrieb er als „überkonfessionell und im ganzen recht liberal", mit „überwiegend konservativ[en] oder liberal[en]" Lehrern.[18] Wohl eindeutig national zu werten ist Thediecks Engagement in der Marine – hier dem Vorbild seines ältesten Bruders folgend. Es ist anzunehmen, dass seine kurze Mitgliedschaft in der DNVP hieraus resultierte, wie auch seine späteren Mitgliedschaften im Deutschen Schutzbund, im VDA und in der „Deutsch-Österreichischen Arbeitsgemeinschaft", einer so genannten „Anschlussorganisation". Der Kampf für die nationale Sache im Rheinland ist also kein Zufallsprodukt. Dieser Kampf – und dies ist bemerkenswert – sollte aber eben nicht bloß mit den (bisweilen gewalttätigen) Mitteln emotionaler Empörung geführt werden, sondern über ein rationales, ja wissenschaftlich gesichertes Fundament verfügen, das im Rahmen der nationalpolitischen Bildung allen Akteuren in Politik- und Gewerkschaftsleben der Rheinprovinz vermittelt werden sollte.

Zeitpunkt und Natur seiner Tätigkeit in der Abwehrnebenstelle brachten Thedieck rasch in Kontakt mit jenen Ideologen und Wissenschaftlern, die nach dem Ruhrkampf und den separatistischen Aufständen im Rheinland eine „jungkonservative Aktualisierung und Radikalisierung der Westforschung" vornah-

---

[16] Bericht zur Volksbildungsarbeit im Rheinland, o.D. (wie Anm. 15), S. VI.
[17] Franz Thedieck, Alltag im Kaiserreich, Manuskript, 1986, 10 S., hier S. 7, ACDP, I-051 (Nachlass Thedieck), 014/1. Der Text erschien in Pörtner, Rudolf (Hg.), Meine Kindheit im Kaiserreich, Düsseldorf 1987.
[18] Ebd., S. 3

men. Wie Thomas Müller gezeigt hat, mutierte der „Deutsche Schutzbund" zu einem Netzwerk „politischer, administrativer, publizistischer und wissenschaftlicher Akteure" wie Max Hildebert Boehm, Martin Spahn und Karl C. von Loesch, die bis 1945 „nicht nur, aber auch" als Westforscher wirkten.[19] So fanden die nationalpolitischen Schulungen des in Berlin gegründeten „Politischen Kollegs" auch im Rheinland statt.[20] Auf den nicht selten von Thedieck organisatorisch verantworteten Tagungen tauchen immer wieder dieselben Namen auf.[21] Neben dem „Volkssoziologen" Boehm[22] und dem Historiker Spahn finden wir den Bonner Historiker Franz Steinbach, auf den noch zurückzukommen sein wird, den nationalkonservativen Historiker Paul Wentzcke[23], Kleo Pleyer[24], ebenfalls Historiker und später einer der radikalen nationalsozialistischen Wissenschaftler, und auch Thediecks ersten Vorgesetzten, Hans Steinacher. Über die Notwendigkeit dieser Tagungen berichtete der Präsident der Rheinischen Landwirtschaftskammer und spätere Oberpräsident der Rheinprovinz, Hermann Freiherr von Lüninck (1893-1975), im Herbst 1925:

> „In den Tagen vom 26. bis 28. Oktober 1925 hat auf Anregung und unter Vermittlung des Herrn Franz Thedieck eine national-politische Schulung für Landwirte [...] stattgefunden. [...] Ich kann meine Überzeugung dahingehend zusammenfas-

---

[19] Müller, Thomas, Grundzüge der Westforschung, in: Fahlbusch/Haar, Völkische Wissenschaften, 2010 (wie Anm. 3), S. 87-118, hier S. 112-113. Ausführlich zur jungkonservativen Radikalisierung der Westforschung: ders., Imaginierter Westen. Das Konzept des „deutschen Westraums" im völkischen Diskurs zwischen Politischer Romantik und Nationalsozialismus, Bielefeld 2009, S. 217-322.
[20] Zum Politischen Kolleg s. Petzinna, Berthold, Das Politische Kolleg. Konzept, Politik und Praxis einer konservativen Bildungsstätte in der Weimarer Republik, in: Ciupke, Paul/Jelich, Franz-Josef/Ulbricht, Justus H. (Hg.), „Die Erziehung zum deutschen Menschen". Völkische und nationalkonservative Erwachsenenbildung in der Weimarer Republik, Essen 2007, S. 101-118.
[21] Einige Dokumente sind im Nachlass Thedieck erhalten: Einladung zur Rheinischen Tagung (54. Nationalpolitischer Lehrgang) in Bad Honnef 28.4.-1.5.1929, 20.2.1929, Bundesarchiv Koblenz N 1174/6; Einladung zur Zehnjahrestagung des Politischen Kollegs (58. Nationalpolitischer Lehrgang), 20.-22.2.1931, 20.1.1931, Bundesarchiv Koblenz N 1174/8.
[22] Elvert, Jürgen, Art. Max Hildebert Boehm, in: Fahlbusch/Haar, Handbuch, 2008 (wie Anm. 3), S. 68-72; Prehn, Ulrich, Auf dem rechten Weg zur „Volksgemeinschaft". „Deutschtums"-Propaganda und „Führerauslese" in der nationalpolitischen Bildungsarbeit Max Hildebert Boehms, in: Ciupke/Jelich/Ulbricht, Erziehung, 2007 (wie Anm. 20), S. 119-148; ders., Max Hildebert Boehm. Radikales Ordnungsdenken vom Ersten Weltkrieg bis in die Bundesrepublik, Göttingen 2013. Die ersten Kontakte zwischen Franz Thedieck und Max Hildebert Boehm reichen bis ins Jahr 1925 zurück.
[23] Woelke, Sven und Laux, Stephan, Art. Paul Wentzcke, in: Haar/Fahlbusch, Handbuch, 2008 (wie Anm. 3), S. 740-743.
[24] Betker, René, Art. Kleo Pleyer, in: ebd., S. 477-484.

sen, dass diese Zusammenkunft erheblich dazu beigetragen hat, das Bewusstsein der nationalen, wirtschaftlichen und sozialen Verbundenheit der rheinischen Landbevölkerung mit Reich und Staat erneut zu kräftigen und zu beleben."[25]

Eine der entscheidenden Begegnungen im Leben von Franz Thedieck fällt ebenfalls in diesen Zusammenhang. Im Jahr 1924 kontaktierte ihn der Landesgeschäftsführer der Christlichen Gewerkschaften für Rheinland und Westfalen, Jakob Kaiser, zwecks Durchführung staatspolitischer Kurse für Gewerkschaftsfunktionäre. Seit 1925 fanden diese Tagungen – symbolisch mit Blick auf den „gefährdeten" Rhein – in Königswinter statt. Im Frühjahr 1925 stimmten Kaiser und Thedieck diese Programme mit führenden Vertretern aus Verwaltung und Verbänden in Berlin ab.[26] In der Rückschau äußerte Thedieck seinen Respekt vor der Leistung Kaisers, der in seinen üblichen Schlussworten als Autodidakt die komplexen Gedankengänge der vortragenden Wissenschaftler zusammengefasst habe.[27]

Zu den wichtigsten Kooperationen Thediecks gehörte zweifellos die in dem zitierten Bericht angeklungene Zusammenarbeit mit dem Institut für geschichtliche Landeskunde der Rheinprovinz an der Universität Bonn, die sich ab 1924 nachweisen lässt. Insbesondere zu den Historikern Hermann Aubin und Franz Steinbach unterhielt Thedieck regelmäßige Kontakte, die sich von den 1920er bis in die 1960er Jahre erstrecken. Die Initiatoren des Instituts ließen keinen

---

[25] H. Freiherr von Lüninck an Oberpräsident der Rheinprovinz, 3.11.1925, Bundesarchiv Koblenz, N 1174/1. Als Referenten waren Steinacher, Spahn und Boehm sowie Heinrich Brüning anwesend. Die Beziehung Franz Thediecks zu Heinrich Brüning, auf die hier nicht näher eingegangen werden kann, ist besonders interessant, da die Korrespondenz sich von den 1920er Jahren bis in die 1950er Jahre erstreckt.
[26] Bericht über eine Besprechung im Reichstag (Franz Thedieck), 17.2.1925 , Bundesarchiv Koblenz, N 1174/40. Teilnehmer waren Ministerialrat Meyer (Reichsministerium für die besetzten Gebiete), Prof. Rühlmann (Rheinische Volkspflege), Jakob Kaiser (Deutscher Gewerkschaftsbund), Reichstagsabgeordneter Dr. Koch (Evangelischer Arbeiterverein), Reichstagsabgeordneter Hartwig (Deutschnationaler Arbeiterbund), Landtagsabgeordneter Lindner (Deutschnationaler Arbeiterbund), Franz Thedieck. Dabei traten die konfessionellen Unterschiede zutage, fühlten die Vertreter der evangelischen Arbeiterverbände im Rheinland sich doch gegenüber den katholischen Bildungsangeboten benachteiligt.
[27] Conze, Werner/Kosthorst, Erich/Nebgen, Elfriede, Jakob Kaiser, Bd. 1: Der Arbeiterführer, v. Erich Kosthorst, Stuttgart 1968, S. 106. Das Programm einer Tagung aus dem Jahr 1925 in ebd., S. 107. Weitere Programme im Nachlass Thedieck: Staatspolitischer Kursus des DGB, 26.-27.1.1926, 19.2.1926, Bundesarchiv Koblenz N 1174/40; Staatspolitischer Kursus für die Führer der freien Gewerkschaften und der Sozialdemokratischen Partei Westdeutschlands, 1.-2.4.1931, Bundesarchiv Koblenz, N 1174/41; Steinacher an Thedieck, 23.1.1931, Bundesarchiv Koblenz, N 1174/8.

Zweifel daran, dass die Interessen auf Gegenseitigkeit beruhten. So hieß es im Tätigkeitsbericht 1924:

„Es ist ganz sicher, dass ohne diese Leitung [die Aktivitäten des Instituts; C.B.] die heute so heftig einsetzende Heimatbewegung sich sehr bald totlaufen wird, weil sie ohne Kraftzufuhr aus den Quellen des höheren geistigen Lebens der Nation unweigerlich versiegen muss. Die Aufgabe der Wissenschaft muss es sein, überall die Fäden nachzuweisen, die aus der lokalen Enge in den umfassenden Bau deutschen Volkstums hinüberführen."[28]

Nach Aubins Weggang aus Bonn wurde Steinbach, wie erwähnt, zum gern gesehenen Vortragsredner auf von Thedieck organisierten Veranstaltungen, während die institutionelle Förderung der Westforschung gerade in den 1930er Jahren von Thediecks Stellung als Sonderbeauftragten für Eupen-Malmedy profitierte. Die politische Stoßrichtung dieser Zusammenarbeit zeigt sich exemplarisch in einem Schreiben Thediecks an Steinbach aus dem Frühjahr 1931. Der frisch aus dem Amt geschiedene französische Präsident der interalliierten Rheinlandkommission Paul Tirard (1879-1945) – der in den 1920er Jahren zeitweilig die separatistischen Bestrebungen im Rheinland unterstützt hatte – veröffentlichte im Winter 1930 mehrere Arbeiten über seine Tätigkeit, die Thedieck, gerade im Begriff seine Hilfsarbeiterstellung in Mühlheim gegen die des Regierungsrats einzutauschen, nicht unwidersprochen lassen wollte.[29] Er führte gegenüber Steinbach an, „dass es doch notwendig ist, wenn […] in einer angesehenen wissenschaftlichen oder literarischen Zeitschrift eine Gegenäußerung eines rheinischen Wissenschaftlers erscheint, der sich mit dem letzten Jahrzehnt der französischen Rheinpolitik wissenschaftlich befasst. Man könnte diese Gegenäußerung […] dann vielleicht auch in Frankreich und in anderen in Frage kommenden Ländern verbreiten".[30] Zwar ist eine Antwort Steinbachs nicht bekannt, aber

---

[28] Zitiert nach Mölich, Georg, „Zu den Rheinlanden reden …" Rheinische Neujahrsblätter, Fortbildungskurse und andere öffentlichkeitsorientierte Aktivitäten des Bonner Instituts im Jahrzehnt nach 1920, in: Groten, Manfred/Rutz, Andreas (Hg.), Rheinische Landesgeschichte an der Universität Bonn. Traditionen – Entwicklungen – Perspektiven, Göttingen 2007, S. 115.
[29] Thedieck führt drei Titel an: Tirard, Paul, La France sur le Rhin, Paris 1930; ders., En Rhénanie. Les derniers jours de l'occupation, in: Revue des deux mondes, September 1930, S. 559-581; ders., Comment nous avons occupé la Ruhr, in: ebd., November 1930, S. 122-148, Dezember 1930, S. 319-344. Zu Tirard s. Theis, Kerstin, Art. Paul Tirard, in: http://www.rheinische-geschichte.lvr.de/persoenlichkeiten/T/Seiten/PaulTirard.aspx (letzter Zugriff am 19.07.2012).
[30] Thedieck an Steinbach, 9.2.1931, Bundesarchiv Koblenz, N 1174/27.

aus dem Schriftenverzeichnis, das Volker Henn Jahrzehnte später zusammenstellte, geht hervor, dass er in diesem Fall zumindest nicht selber tätig wurde.[31] Doch zeigt der Brief des Beamten an den Wissenschaftler recht eindeutig, wie sich die politische Indienstnahme der Geschichtswissenschaft organisierte, wobei die Wissenschaft dieser nationalen Aufgabe bekanntlich nur allzu gerne nachkam.[32]

In der vor rund anderthalb, zwei Jahrzehnten angestoßenen Auseinandersetzung der Historiker mit der „Westforschung" – die man dem umfassenderen Komplex „Historiker im Nationalsozialismus" zurechnen kann – ist Franz Thedieck somit kein Unbekannter. Gerade in seinem Hauptarbeitsfeld als Grenzlandreferent im Regierungspräsidium Köln und Sonderbeauftragter für Eupen-Malmedy suchte er den regelmäßigen Austausch mit der Wissenschaft. Besonders eng waren die Verbindungen zur Westdeutschen Forschungsgemeinschaft (WFG; 1931 als Rheinische Forschungsgemeinschaft gegründet) – was nicht verwundern kann, war Franz Steinbach doch auch hier federführend.

Die Bedeutung von Thediecks regelmäßiger Teilnahme an wissenschaftlichen Tagungen für seine Arbeit geht aus den Quellen deutlich hervor. Ähnlich wie im Kampf gegen den Separatismus im Rheinland bedurfte auch die Betreuung Eupen-Malmedys, wo Thedieck die wichtigsten Fäden bei der finanziellen, aber eben auch kulturpolitischen Unterstützung der revisionistischen bzw. prodeutschen Agitation zog, einer rationalen, „objektiven" Grundlage. Auch wenn es im Falle von Eupen-Malmedy nicht darum ging, das Gebiet „annektierbar" zu machen – die Gründe für den Revisionismus lagen in den Umständen der Abtretung an Belgien – fand doch die Kulturraumforschung nationalistischen und nationalsozialistischen Zuschnitts hier ein Betätigungsfeld.[33] Thedieck setzte nach 1933

---

[31] Petri, Franz/Droege, Georg (Hg.), Collectanea Franz Steinbach. Aufsätze und Abhandlungen zur Verfassungs-, Sozial- und Wirtschaftsgeschichte, geschichtlichen Landeskunde und Kulturraumforschung, Bonn 1967, S. 899-912.
[32] Ich folge in diesem Beitrag der Definition von „Geschichtswissenschaft als Legitimationswissenschaft" wie sie Peter Schöttler in dem von ihm herausgegebenen Sammelband zur Rolle der Historiker im Nationalsozialismus vorgeschlagen hat. S. Schöttler, Peter, Geschichtsschreibung als Legitimationswissenschaft 1918-1945. Einleitende Bemerkungen, in: ders. (Hg.), Geschichtsschreibung als Legitimationswissenschaft 1918-1945, 2. Aufl., Frankfurt a.M. 1999, S. 7-30, hier S. 7 und 21.
[33] Lejeune, Carlo, „Des Deutschtums fernster Westen". Eupen-Malmedy, die deutschen Dialekt redenden Gemeinden um Arlon und Montzen und die „Westforschung", in: Dietz, Burkhard/Gabel,Helmut/Tiedau, Ulrich (Hg.), Griff nach dem Westen. Die „Westforschung der

seine Zusammenarbeit mit den Stellen nahtlos fort, mit denen er auch schon vorher zusammengearbeitet hatte. In die Korrespondenz trat nun neben den „Volksdeutschen Gruß" auch das „Heil Hitler!". Allerdings kamen auch hier die für das NS-Regime charakteristischen Rivalitäten auf. Mit dem genuin nationalsozialistischen Forschungsnetzwerk zum „Westraum", wie es in Aachen um den Ingenieur Dr. Georg Scherdin betrieben wurde, hatte Thedieck hingegen kaum Kontakte.[34]

Auch der Nutzen von Thediecks Engagement für die Arbeit der Westforscher lässt sich aus den vorhandenen Quellen ersehen. So heißt es in einem Schreiben Steinbachs an Thedieck aus dem Jahr 1935:

> „Ich möchte versuchen, durch einen Besuch in Eupen-Malmedy neue Mitarbeiter für das Institut [für geschichtliche Landeskunde der Rheinprovinz; CB] zu gewinnen und die Verbindung zu den alten zu verbessern. [...] Könnten Sie mir eine Devisengenehmigung beschaffen?"[35]

Einige Wochen zuvor hatte in Gerolstein eine Tagung der WFG stattgefunden.[36] Dank Thediecks Kontakten hatten dort führende Mitglieder der heimattreuen Bewegung aus Eupen-Malmedy „Referate über die Gegenwartslage" in dem Gebiet gehalten. Auch der zum VDA-Bundesführer aufgestiegene Hans Steinacher, der bis Ende der 1920er Jahre die dortige Betreuung organisiert hatte, war angereist.[37] Eine erste Tagung zu Eupen-Malmedy hatte die WFG im Frühling 1933 organisiert. Im WFG-Jahresbericht für 1933 heißt es dazu:

> „Die erste Tagung der Rheinischen Forschungsgemeinschaft im vergangenen Jahr galt dem westlichen Grenzgebiet, das neben der Saar als einziges heute noch selbst für seine politische Heimkehr ins Reich kämpft. Wir haben vor allem Männern aus dem Gebiet selbst, die dort in vorderster Front des politischen Kampfes stehen, das Wort gegeben. Und wenn unsere Tagung keinen anderen Sinn und kein anderes Ergebnis gehabt hätte, [...] hätte sie eine wichtige Aufgabe erfüllt.

---

völkisch-nationalen Wissenschaften zum nordwesteuropäischen Raum (1919-1960), Bd. 1, Münster 2003, S. 393-538.
[34] Müller, Thomas, Die westpolitische Mobilisierung des „Aachener Grenzraumes", in: Zeitschrift des Aachener Geschichtsvereins, Bd. 109 (2007), S. 151-214.
[35] Steinbach an Thedieck, 13.7.1935, Bundesarchiv Koblenz, N 1174/18.
[36] Zu den Tagungen der WFG s. Fahlbusch, Michael, Wissenschaft im Dienst der nationalsozialitischen Politik? Die „Volksdeutschen Forschungsgemeinschaften" 1931-1945, Baden-Baden 1999, S. 400-412 mit einigen kleinen Ungenauigkeiten im Detail zur belgischen Politik gegenüber Eupen-Malmedy.
[37] Steinbach an Thedieck, 11.2.1935, Bundesarchiv Koblenz, N 1174-16; Thedieck an Steinbach, 27.2.1935, Bundesarchiv Koblenz, N 1174-27.

Denn was uns die Herren Dehottay, Bohlen und Kriescher u.a. zu sagen hatten, klang immer wieder in die bittere Klage aus, dass die Anteilnahme des deutschen Volkes, auch der deutschen Wissenschaft, an den Fragen von Eupen-Malmedy zu gering sei. Wiederholt haben sie u.a. darauf hingewiesen, dass es für sie unerträglich ist, wenn Deutsche mit belgischen Wissenschaftskreisen freundschaftlich verkehren, mit flämischen sozusagen Blutsbrüderschaft machen, ohne jede Verhandlung, wie es selbstverständlich sein müsste, mit der Frage Eupen-Malmedy zu belasten. [...] Von der deutschen Wissenschaft verlangen sie eine ununterbrochene und intensive Beschäftigung mit der Geschichte, Kultur und Wissenschaft der abgetrennten Gebiete. Ausdrücklich wurde betont, dass nicht leichte Propagandaliteratur, sondern ernste wissenschaftliche Forschung und Darstellung, die auch von der Gegenseite nicht übersehen werden kann, das Wichtigste sei."[38]

Thedieck nahm an diesen Tagungen wie auch an der letzten Konferenz vor dem Krieg teil, die 1938 in Gerolstein stattfand. Eine seiner Aufgaben bei der Betreuung Eupen-Malmedys war die politische Einflussnahme auf mit Mitteln der Provinzialverwaltung der Rheinprovinz geförderte Publikationen. Dazu gehörte beispielsweise die Abnahme des Vorworts zu dem 1935 erschienenen Werk „Die Kunstdenkmäler von Eupen-Malmedy", dessen Verfasser, der Kunsthistoriker Heribert Reiners, sich 1912 in Bonn habilitiert hatte und mittlerweile in der Schweiz lehrte.[39]

Die Beziehungsverhältnisse zwischen Thedieck und den Wissenschaftlern änderten sich mit dem Aufbau der Militärverwaltung Belgien und Nordfrankreich nach dem deutschen Einmarsch in Belgien im Mai 1940. Dies lag daran, dass Thedieck nunmehr als Oberkriegsverwaltungsrat und Generalreferent der Militärverwaltung eine Machtposition ausübte, die es ihm ermöglichte, seine Mitstreiter im „Volkstumskampf", allen voran Franz Petri, aber auch den Bonner Volkskundler Matthias Zender, nach Brüssel zu holen. Hier sollte sich ihnen in den vom Besatzungsregime gesetzten Handlungsspielräumen die Möglichkeit bieten, verschiedene ihrer Überlegungen, beispielsweise zur „Flamenpolitik" in die Praxis umzusetzen. Es kann an dieser Stelle nicht darum gehen, sich detailliert mit der von Petri betriebenen Wissenschaft und Wissenschaftspolitik ausei-

---

[38] Jahresbericht der Rheinischen Forschungsgemeinschaft für 1933, 14.6.1934, Politisches Archiv des Auswärtigen Amtes, Berlin, R 60272. Bei den im Text Genannten handelt es sich um führende Mitglieder der prodeutschen „Heimatbewegung" in Eupen-Malmedy.
[39] Schreiben der Provinzialverwaltung der Rheinprovinz, 2.3.1935, Bundesarchiv Koblenz, N 1174/15.

nanderzusetzen.[40] Vielmehr finden sich Belege dafür, dass nach Thediecks Vorstellung auch die Besatzungspolitik wissenschaftlich gestützt werden sollte. So heißt es in einem Schreiben an Franz Petri, das Thedieck über ein Jahr nach seinem unfreiwilligen Ausscheiden aus der Militärverwaltung verfasste:

> „Auch heute glaube ich noch sagen zu können, dass unser Vorgehen richtig war, uns von Anfang an in unserer volkspolitischen Arbeit auf die Erkenntnisse der historischen Wissenschaft zu stützen und uns die besonderen Exponenten dieser Wissenschaft in Ihrer und Reeses [gemeint ist der Berliner Historiker und SS-Mann Werner Reese; C.B.] Person als Mitarbeiter zu sichern."[41]

Bemerkenswert sind auch die Überlegungen, die Thedieck im Oktober 1943, ebenfalls in einem Schreiben an Petri, formuliert hatte:

> „Eins können wir ja mit gutem Gewissen sagen: mit etwas mehr Kenntnissen und Vorstellungen von den Problemen sind wir ja 1940 doch an die flämischen Fragen herangegangen als die Herren von 1914. [...] Im übrigen ist es ja recht schmerzlich zu sehen, dass das, was seit 1940 der schwache Punkt in der Flamenpolitik der Militärverwaltung war, die mangelnde Verankerung bei der Reichsführung, die besondere Stärke der Politik des Generalgouvernements war. Hätte die Militärverwaltung nach oben eine solche Verbindung gehabt, wie damals der Generalgouverneur zur Reichskanzlei, wie vieles hätte anders verlaufen können."[42]

Aus diesem Brief geht zum einen die persönliche Enttäuschung Thediecks hervor, seine Aufgabe nicht zu Ende gebracht zu haben, zum anderen enthält er schon im Ansätzen das Diskursmuster einer Auseinandersetzung der Militär-

---

[40] Ditt, Karl, Die Kulturraumforschung zwischen Wissenschaft und Politik. Das Beispiel Franz Petri (1903-1993), in: Westfälische Forschungen, Nr. 46 (1996), S. 73-176; Derks, Hans, Deutsche Westforschung. Ideologie und Praxis im 20. Jahrhundert, Leipzig 2001; Dietz/Gabel/Tiedau, Griff, 2003 (wie Anm. 33); Schöttler, Peter, Eine Art „Generalplan West". Die Stuckart-Denkschrift vom 14. Juni 1940 und die Planungen für eine neue deutschfranzösische Grenze im Zweiten Weltkrieg, in: Sozialgeschichte, Nr. 3 (2003), S. 83-131; Middell, Matthias/Ziegeldorf, Vera (Hg.), „Westforschung". Eine Diskussion zur völkischnationalen Historiografie in Deutschland, (Historisches Forum, 6), Berlin 2005; Tiedau, Ulrich, Art. Franz Petri, in: Haar/Fahlbusch, Handbuch, 2008 (wie Anm. 3), S. 467-474. Zur Politik Petris in Belgien s. Beyen, Marnix, Wetenschap, Politiek, Nationaal-Socialisme. De Cultuurpolitiek van het Duits militair bezettingsbestuur in België, 1940-1944, in: Bijdragen tot de Eigentijdse Geschiedenis, Nr. 11 (2003), S. 47-70.
[41] Thedieck an Petri, 2.8.1944, Archiv des Landschaftsverbandes Westfalen-Lippe, NL 914 (= Nachlass Petri), Bd. 9, Blatt 122.
[42] Thedieck an Petri, 16.10.1943, Archiv des Landschaftsverbandes Westfalen-Lippe, NL 914, Bd. 149, Bl. 29. Zu Reese und Petri s. die Überlegungen bei Balace, Francis, La Wallonie, ses cultures et l'Allemagne, in: Demoulin, Bruno (Hg.), Histoire culturelle de la Wallonie, Brüssel 2012, S. 346-353, hier S. 352-353.

verwaltung mit den Akteuren und Instanzen von SS und Reichssicherheitshauptamt – in der er ja auch die Gründe für seine eigene Entlassung ausmachte. Die Überzeugung, auf wissenschaftlicher Grundlage gearbeitet und die Erfahrungen der Besatzung im Ersten Weltkrieg mit einfließen gelassen zu haben, erlaubten es Thedieck, eine Distanzierung zwischen dem wissenschaftlichen Plan und seiner – durch mangelndes Verständnis in Berlin durchkreuzten – Durchführung zu konstruieren. Der Brief fällt in die Zeit, in der Thedieck – nach eigenen Aussagen – regelmäßigen Kontakt mit Mitgliedern des Widerstands gehabt haben soll. Dieser Aspekt seiner Biographie ist bisher jedoch noch nicht ausreichend erforscht.[43]

Nach Kriegsende wurde Thedieck zu einer Art Anlaufstelle für die ehemaligen Wissenschaftler der Brüsseler Militärverwaltung. So ist ein Briefwechsel mit Dora Petri erhalten, in der es um die (zeitweilige) Entfernung ihres Mannes aus dem Universitätsdienst geht. Aber auch andere Westforscher versuchten, vom Netzwerk des Verwaltungsbeamten zu profitieren. So erkundigte sich beispielsweise der Kölner Landeshistoriker und Westforscher Gerhard Kallen im Rahmen seines Berufungsverfahrens gegen seine Entfernung von der Universität Köln bei Thedieck, ob er ihm Genaueres zur Zusammenstellung der zuständigen Kommission sagen könne.[44] Matthias Zender, der eine Zeitlang in belgischer Haft verbracht hatte, bedankte sich nach seiner Rückkehr bei Thedieck für seine Unterstützung mit Worten, die für die zeitgenössische Beurteilung der wissenschaftlichen Arbeit in Belgien durch die Akteure in ihrem apologetischen Ton exemplarisch sein dürften:

Nach meiner glücklich erfolgten Heimkehr ist es mir ein besonderes Bedürfnis, Ihnen zu danken für die warme Anteilnahme an meinem Geschick und für das

---

[43] Eher persönlicher Natur war wohl der von Franz Steinbach herausgestellte Einsatz Thediecks, der es ihm ermöglichte, zur Ersatzabteilung seines Truppenteils zu kommen, obwohl er eigentlich „auf Betreiben des SD ´aus dem Wehrdienst entlassen`" worden sei. Siehe Steinbach, Franz, Bürger und Bauer im Zeitalter der Industrie, in: Rheinische Vierteljahresblätter, Nr. 28 (1963), S. 1-36, abgedruckt in Petri und Droege, Collectanea, S. 866-895, hier S. 867. Einordnung dieses autobiographischen Abschnitts bei Schöttler, Geschichte, 1999 (wie Anm. 32), S. 9-11.
[44] Kallen an Thedieck, 30.10.1946, Bundesarchiv Koblenz, N 1174/50. Ob Thedieck direkt helfen konnte, ist nicht bekannt. Jedenfalls wurde Kallen schließlich als entlastet eingestuft. S. Klaus Pabst, „Blut und Boden" auf rheinische Art. Gerhard Kallen, der Nationalsozialismus und der „Westraum", in: Dietz/Gabel/Tiedau, Griff, Bd. 2, Münster 2003, S. 945-978, hier S. 976.

energische und eindrucksvolle Gutachten, das meine Frau 1947 von Ihnen erhielt. Ihr Gutachten trug wesentlich dazu bei, die allgemeine Atmosphäre in meinem Falle zu ändern.

„Ich darf annehmen, dass Sie über die Lage in Belgien unterrichtet sind und Ihnen auch bekannt ist, dass die Militärverwaltung heute drüben anders beurteilt wird als 1945 bis 1947. Sollten Sie trotz Ihrer neuen wichtigen Arbeit [gemeint ist die Berufung ins BMG; C.B.] einmal die Zeit und Interesse haben, über die Lage in Belgien weiteres zu hören, so wäre es mir eine besondere Freude, darüber Auskunft zu geben."[45]

Es war freilich nicht nur bloße Solidarität mit den Mitstreitern aus Brüssel und den alten Volkstumskämpfern, sondern handfeste Interessenpolitik, dass Thedieck als Staatssekretär auch die Finanzierung des BMG für die 1950 neu gegründete „Arbeitsgemeinschaft für westdeutsche Landes- und Volksforschung" steuerte und zu den regelmäßigen Teilnehmern ihrer Tagungen gehörte. Michael Fahlbusch bringt die Entscheidung Herbert Wehners, die Finanzierung der Arbeitsgemeinschaft mit dem Jahr 1967 auslaufen zu lassen, auch mit dem Ausscheiden Franz Thediecks aus dem BMG zusammen. Sicherlich verloren die beteiligten Wissenschaftler ihren wichtigsten Fürsprecher, die Entscheidung fiel jedoch erst einige Jahre, nachdem Thedieck das Ministerium Ende 1963 verlassen hatte.[46] Im Unterschied zu den 1930er und 1940er Jahren wurde sein persönliches Engagement jedoch unregelmäßiger. Eine detailliertere Erforschung der finanziellen Unterstützung des BMG für die „Arbeitsgemeinschaft" steht jedoch noch aus. Häufig wurde Thedieck jedoch – die Parallele zu Franz Petri ist offensichtlich – mit der Besatzungszeit in Belgien konfrontiert. Hier lassen sich auch dieselben Verhaltensmuster ausmachen, wie sie Thomas Müller und Wolfgang

---

[45] Zender an Thedieck, 14.10.1949, Bundesarchiv Koblenz, N 1174/57. Zu Zender s. Lejeune, Kulturbeziehungen, passim und ders., Deutschtums, passim; ders., Matthias Zender als Kriegsverwaltungsrat und seine Akte: Ein Helfer Hitlers oder ein aufrechter Humanist?, in: Rheinische Vierteljahrsblätter, 77, 2013, S. 130-157.
[46] Fahlbusch, Wissenschaft, 1999 (wie Anm. 33), S. 784; ders., Deutschtumspolitik und Westdeutsche Forschungsgemeinschaft, in: Dietz, Gabel und Tiedau, Griff, Bd. 2, Münster 2003, S. 569-647, hier S. 645-646. Fahlbusch spricht vom „Wechsel" Thediecks zur Konrad-Adenauer-Stiftung, verlegt diesen jedoch fälschlicherweise in das Jahr 1966. Tatsächlich war Thedieck bereits im Januar 1964 aus seinem Amt geschieden, nicht zuletzt wegen der Besetzung des Bundesministers im BMG mit dem FDP-Mann Erich Mende. Eine direkte Kausalität mit der Ernennung Wehners und der „Großen Koalition" ist also nicht gegeben, auch wenn die von Fahlbusch vorgebrachten Gründe der abnehmenden Opportunität und der Legitimationskrise der Kulturraumforschung selbstverständlich zutreffen. S. auch die Einordnungen bei Ditt, Kulturraumforschung, 1996 (wie Anm. 40), S. 153ff.

Freund für die beteiligten Westforscher aufgezeigt haben. Es galt nunmehr, die Westintegration der Bundesrepublik zu fördern. Dabei bedurfte es nicht vieler Federstriche, um aus Texten der Westforschung Beiträge zur Erforschung des nunmehr viel zitierten „Abendlandes" zu machen. Die Rede Thediecks anlässlich des 75-jährigen Bestehens des Aachener Geschichtsvereins im Jahr 1954 verdeutlicht auch die damit verbundenen Erwartungen der Politik an die Wissenschaft:

> „Es erscheint mir sehr bemerkenswert und vielleicht gerade angesichts der vor uns liegenden Aufgaben, sich daran zu erinnern, dass dieser große Kaiser [Karl der Große; C.B.], der in seinem Bekenntnis zum Volkstum so klar war, von allen seinen Völkern, die er beherrschte und zu der abendländischen Einheit seines Reiches geführt hatte, in edlem Wettstreit als der ihre beansprucht wird.
>
> Die Historie und die Mythen von Karl dem Kaiser oder Karl von Aachen, wie das Volk ihn nennt, sind jenseits unserer Stammes- und Volkstumsgrenzen in Holland, Belgien und Frankreich besser bekannt als in unserem eigenen Lande. Sie sind dort in einem gesicherten Bibel- und Fibelwissen des Volkes erhalten geblieben. Diese gemeinsame westeuropäische Überlieferung zu erfassen und über den Aachener Geschichtsverein zu verbreiten, wäre vielleicht eine dankbare Aufgabe in unserer Zeit und eine fruchtbare Besinnung für die europäische Wegbereitung, die uns allen so sehr am Herzen liegt."[47]

Mit von Belgiern ausgestellten Leumundszeugnissen konnte Thedieck außerdem das Bild der vermeintlich „sauberen" Militärverwaltung verstetigen und im Gegenzug den Kollaborationsverdacht gegen diese abschwächen oder aus dem Weg räumen, was ein „Klima gegenseitigen Verständnisses auf der Basis gemeinsamer, vorgeblich sachbezogener und unpolitischer Arbeit begründete".[48] Im Falle Thediecks zeigt sich dies an der Freundschaft mit Victor Leemans (1901-1971), während der Besatzungszeit Generalsekretär des belgischen Wirtschaftsministeriums, später belgischer christdemokratischer Senator und Präsident des Europäischen Parlaments.[49] Die berufliche Aufmerksamkeit des Staats-

---

[47] Ansprache des Staatssekretärs Franz Thedieck zur Feier des 75-jährigen Bestehens des Aachener Geschichtsvereins, 30.5.1954, Bundesarchiv Koblenz, N 1174/104.

[48] Müller, Thomas/Freund, Wolfgang, Art. Westforschung, in: Haar/Fahlbusch, Handbuch, 2008 (wie Anm. 3), S. 751-760, hier S. 160. Gerade die Tätigkeit Thediecks in der Konrad-Adenauer-Stiftung kann unter diesen Vorzeichen betrachtet werden. Eine Einordnung in seine Biographie steht jedoch noch aus.

[49] Leemans wurde 1948 von Kollaborationsvorwürfen entlastet. Die jüngere belgische Forschung sieht das Wirken der Generalsekretäre, gerade auch von Leemans für den Zeitraum 1941-1942, sehr kritisch s. Wouters, Nico, Art. Secrétaires généraux (comité des), in: Aron,

sekretärs im BMG richtete sich nunmehr jedoch vorwiegend „nach Osten", wo die „nationale Sache" sich angeblich in großer Gefahr befand und der Kampf auch weiter mit wissenschaftlichen Mitteln geführt werden sollte.

THEDIECK UND DIE (NEUE) „OSTFORSCHUNG"

Die persönlichen Beziehungen, die Thedieck seit den 1920er Jahren mit führenden Vertretern der Geschichtswissenschaft aufgebaut hatte, fanden auch nach Gründung der Bundesrepublik und in seinem neuen Tätigkeitsfeld im BMG ihren Niederschlag. Im Folgenden wird kurz auf zwei Beispiele eingegangen: die Gründung des Herder-Instituts in Marburg und die Aktivitäten des „Forschungsbeirates für die Fragen der Wiedervereinigung Deutschlands", an denen das Engagement des Staatssekretärs und starken Mannes im BMG verdeutlicht werden kann.

Das Ministerium, das mit dem Ziel der Wiedervereinigung geschaffen worden war und damit ironischerweise seine eigene Abschaffung zur Aufgabe hatte, erhielt rasch eine Schlüsselstellung bei der Verteilung von Finanzmitteln für die Erforschung Ost- und Mitteleuropas.[50] Als „besonders erfolgreich" im Werben um diese Unterstützung erwies sich der Historiker Hermann Aubin mit dem Aufbau des Herder-Instituts in Marburg. In seiner Korrespondenz mit seinem Historikerkollegen Erich Keyser (1893-1968) erklärte er 1952, dass dies auf „das außerordentliche Verständnis für unsere Bedürfnisse [...] zurückzuführen [sei]", das der Staatssekretär im BMG Franz Thedieck aufgebracht habe. Sowohl Aubin als auch Thedieck begründeten diese fruchtbare Zusammenarbeit mit ihrer jahrelangen Bekanntschaft.[51] Dieser Vorgang belegt zudem, wie es Thedieck im Kompetenzgerangel mit dem Innen- und dem Vertriebenenministerium ge-

---

Paul/Gotovitch, José (Hg.), Dictionnaire de la Seconde Guerre mondiale en Belgique, Brüssel 2008, S. 408-413.
[50] Creuzberger, Kampf, 2008 (wie Anm. 10); Mühle, Eduard, Für Volk und deutschen Osten. Der Historiker Hermann Aubin und die deutsche Ostforschung, Düsseldorf 2005, S. 409ff. Allgemein zur „neuen" Ostforschung nach 1945: Unger, Corinna R., Ostforschung in Westdeutschland. Die Erforschung des europäischen Ostens und die Deutsche Forschungsgemeinschaft,1945-1975, Stuttgart 2007.
[51] Mühle, Volk, 2005 (wie Anm. 50), S. 409, dort auch alle Zitate. Schon 1950 hatte Aubin sich bei Thedieck mit den Worten bedankt, „dass bei der Unterstützung, die Ihr Ministerium gewährt, ein Erfolg nicht ausbleiben kann". Aubin an Thedieck, 17.5.1950, Bundesarchiv Koblenz, N 1174/59.

lungen war, die entsprechenden Zuständigkeiten und damit die Verfügung über die entsprechenden finanziellen Mittel an sein Ministerium zu ziehen.

Der politische Beamte Thedieck erwartete für diese Förderung natürlich auch Gegenleistungen. Hier manifestierte sich abermals seine Auffassung, nach der seine eigene Arbeit sich auf wissenschaftliche Grundlagen zu stützen hatte. Die von Thedieck gehaltene Rede bei der Eröffnung neuer Arbeitsräume für das Marburger Institut zeigt dies deutlich. Sie illustriert jedoch auch die Umkehrung von Autoritätsverhältnissen, konnte der Staatssekretär seine Erwartungen auch an renommierte Wissenschafter deutlicher artikulieren, als es der Regierungsrat in der Vorkriegszeit hätte tun können:

„[…] Welches ist nun das Anliegen, das das Bundesministerium für Gesamtdeutsche Fragen mit der Wiederbelebung der nord- und ostdeutschen Forschung verfolgt?

Die Antwort hängt aufs engste mit der noch wesentlicheren konkreteren zusammen, die gerade in den letzten Monaten immer wieder in aller Öffentlichkeit – weit über die Grenzen der Bundesrepublik hinaus – gestellt worden ist: welches sind die Ziele, die die Bundesrepublik im Osten anstrebt?

[…] Die Bemühungen müssen also darauf gerichtet sein, bei einem Friedensvertrag, der über die künftigen Grenzen Deutschlands entscheiden wird, alle Argumente ins Feld zu führen, die die deutschen Ansprüche im Osten so eindeutig vor der Weltöffentlichkeit rechtfertigen, dass ihnen Genüge getan werden muss.

Diese Aufgabe ist der Weltöffentlichkeit gegenüber durch die Jahre der Herrschaft des Nationalsozialismus mit schwersten psychologischen Hindernissen belastet. Denn der Verlust der deutschen Ostgebiete findet seine Begründung nicht allein in der militärischen Niederlage Deutschlands, sondern vielmehr in der Tatsache, dass die deutschen Leistungen im Osten von der Weltöffentlichkeit nicht nur völlig verkannt, sondern in ihr absolutes Gegenteil verkehrt worden sind. […] Es ist deshalb eine der ersten Aufgaben von uns allen, die in der Weltöffentlichkeit vertretenen Vorurteile durch sachliche Aufklärung abzubauen und der Weltöffentlichkeit auf Grund von unanfechtbarem wissenschaftlich hieb- und stichfestem Material ein wahres Bild deutscher Leistung im Osten aufzuzeigen.

An diesem Punkt setzt die Arbeit der deutschen Wissenschaft ein und hier wird sie mit allen ihren Zweigen, die sich mit dem deutschen Osten beschäftigen, zur Trägerin einer wahrhaft historischen Aufgabe […].

Das bedeutet für die Ostforschung, dass sie ihre Aufgabe in einem größeren geschichtlichen Raume zu begreifen hat, oder mit anderen Worten, dass sie die Befriedung des deutschen Ostraums unter europäischen Gesichtspunkten studieren sollte. Dazu wird sie sich von mancher überkommenen Vorstellung zu lösen haben. Sie wird sich der Aufgabe zuwenden müssen, alle jene Verflechtungen aufzuzeigen, die die deutsche Leistung im Osten als abendländische Sicherung des europäischen Grenzraums zeigt. Sie wird aufs gründlichste die Mentalität des östlichen Nachbarn zu studieren haben und Lösungsvorschläge dieser Erkenntnis entsprechend anregen.

Ein weites Feld tut sich damit der deutschen Ostforschung auf. Denn nicht mit den Waffen des Krieges, sondern allein mit den Waffen des Geistes muss auf friedlichem Weg zurückgewonnen werden, was verbrecherischer Übermut verloren hat. Nur dann wird dieser Weg von Erfolg sein, wenn die zwingende Logik wissenschaftlicher Erkenntnisse, frei von engem Nationalismus die Weltöffentlichkeit davon zu überzeugen vermag, dass unser Anspruch auf den Osten seine gute Berechtigung hat. Wir haben keinen Anlass, an dem endgültigen Erfolg zu zweifeln. Die Wiederherstellung des verletzten Rechts, die Wiedergutmachung eines an vielen Millionen Menschen begangenen Unrechts ist die entscheidende Voraussetzung für eine Befriedung Europas. [...]

Der deutschen Wissenschaft erwächst hier eine große Aufgabe. Sie kann uns die unanfechtbaren Beweismittel für den Nachweis der Berechtigung der deutschen Ansprüche an die Hand geben. Auch das Herderinstitut ist in diese Aufgabe hineingestellt."[52]

Zwei auch später immer wieder vorgetragene Hauptgedanken prägen die Rede Thediecks, zum einen die – autobiographisch durchaus exkulpatorisch aufzufassende – Idee, dass „Hitler den volksdeutschen Gedanken missbrauchte"[53], zum anderen die Betonung der Notwendigkeit der Stärkung der „geistigen Abwehrkräfte des Westens"[54]. Des Weiteren ist das weiterhin ungebrochene Eintreten für die nationale Sache auszumachen. Dafür stehen auch die unzähligen Reden, die Thedieck in den dreizehn Jahren seiner Tätigkeit als Staatssekretär vor Vertriebenenverbänden oder Gedenkveranstaltungen hielt und die fast alle im Bulletin des Presse- und Informationsamts der Bundesregierung dokumentiert worden sind.

Zu den Hauptaufgaben des BMG gehörten naturgemäß die Beobachtung und die Analyse der Lage in der DDR. Dafür rief Minister Jakob Kaiser im März 1952

---

[52] Ansprache bei der Übergabe der neuen Arbeitsräume des Johann Gottfried Herderinstituts in Marburg, 3.3.1952, 15 S., Bundesarchiv Koblenz, N 1174/103.
[53] Thedieck, Franz, Hitler missbrauchte den volksdeutschen Gedanken, in: Dolomiten (Bozen), 30.12.1955 (Abschrift, Bundesarchiv Koblenz, N 1174/106).
[54] Ansprache bei der Eröffnung des „Seminars für zeitgeschichtliche Studien" in Gemünd/Eifel, 11.3.1957, Bundesarchiv Koblenz, N 1174/108.

den „Forschungsbeirat für Fragen der Wiedervereinigung Deutschlands" ins Leben. Er fungierte als ständiger Ausschuss des Ministeriums. Dort tagten Ministeriumsvertreter, Politiker, Kirchen, Interessenverbände in Ausschüssen für Bilanzierung, Agrarwesen, Wirtschaft, Soziales, Finanzen, Verkehr, Post- und Fernmeldewesen. Die Hauptlast trugen jedoch fünf, später zehn Wissenschaftler, zumeist Juristen oder Volkswirtschaftler. Wie Dirk van Laak gezeigt hat, agierte Franz Thedieck als die Verbindung zwischen Beirat und Ministerium.[55] In einem Interview für den Süddeutschen Rundfunk formulierte Thedieck 1956 die Aufgaben des Beirats:

> „[…] wir bemühen uns, in ständiger Arbeit und Studium des so grundlegen verschiedenen Verlaufs der wirtschaftlichen und sozialen Entwicklungen in den beiden Teilen Deutschlands die Unterlagen vorzubereiten, die den späteren gesamtdeutschen Gesetzgeber in die Lage versetzen, den Notwendigkeiten beider Teile Deutschlands gerecht zu werden. […] Dem vom Volk gewählten Gesetzgeber die objektiven Unterlagen für seine Entscheidung bereitzustellen, das ist im Grunde die Aufgabe des Forschungsbeirates […]."[56]

Die Formierung einer neuen Elite nach einem Zusammenbruch der DDR war wesentliche Aufgabe, zentrale Funktion war jedoch die sozioökonomische Vorbereitung der deutschen Vereinigung. Thedieck selbst stand in der Frage der Wiedervereinigung fest an der Seite Konrad Adenauers. Jedenfalls machte er sich die Devise von der „Einheit in Freiheit" zu eigen, auch mit der Folge, dass das Ende der Zweiteilung Deutschlands für ihn keine „Naherwartung" mehr war. In dem uns interessierenden Zusammenhang fällt auf, dass sich bisher keine Hinweise darauf finden lassen, dass Thedieck auch seinen Antikommunismus wissenschaftlich unterfüttern ließ. Die Auseinandersetzung mit dem politischen Regime im Osten dachte er zunächst in der Kategorie des Nationalismus, mithin als eine deutsche Verlustgeschichte.

Beim Ausscheiden Thediecks aus dem Dienst schloss sich der Kreis. Einer der ersten Glückwünsche stammte aus der Feder Hermann Aubins, der Thediecks Lebensleistung würdigte:

---

[55] Van Laak, Dirk, Der Tag X. Vorbereitungen für die deutsche Wiedervereinigung vor 1989, in: Bünz, Enno (Hg.), Der Tag X in der Geschichte. Erwartungen und Enttäuschungen seit 1000 Jahren, Stuttgart 1997, S. 256-286, hier S. 263-265.
[56] Staatssekretär Thedieck im Süddeutschen Rundfunk, 22.9.1956, Bundesarchiv Koblenz, N 1174/107.

„Diese Leistung ist fast ganz von zwei großen Posten ausgefüllt. Auf dem schwierigen Boden Belgiens ist es Ihnen trotz der überaus schwierigen Bedingungen der Kriegszeit gelungen, die Erinnerung zu hinterlassen, wie die Vertretung deutscher Verwaltung vornehm und gerecht geführt werden konnte. Dann aber sind Sie vor eine Aufgabe ganz neuer Art, von höchster Verantwortung gestellt worden […]."[57]

Gestützt auf Wissenschaft bzw. Wissenschaftler hatte Thedieck auch diese „nationale Aufgabe" vertreten können.

SCHLUSSBETRACHTUNGEN

Dieser Beitrag präsentiert einen Ausschnitt aus den Recherchen zu einer Biographie des politischen Beamten Franz Thedieck. Er präsentiert freilich auch nur einen Ausschnitt aus dessen Biographie. Dies hat unweigerlich zur Folge, dass viele (und auch ausgesprochen wichtige) Aspekte seines Lebenslaufs nicht behandelt werden konnten oder ausgeblendet wurden. Dafür schärft die Fokussierung auf eine „biographische Konstante" die Fragestellung zu Kontinuitäten und Brüchen in diesem Lebenslauf und die Kontextualisierung seiner Beschäftigung und Zusammenarbeit mit der Geschichtswissenschaft. Franz Thedieck war kein Mann der ersten Reihe, aber sein beruflicher Werdegang in drei politischen Regimen „von Weimar nach Bonn", sein Auftauchen in sehr unterschiedlichen Zusammenhängen werfen Fragen auf nach seinen Strategien, seinen Plänen, nach seinem Verständnis von Beamtentum und auch nach seinem Umgang mit seiner Biographie in der Zeit des Nationalsozialismus.[58] Die Tatsache, dass er in der jungen Bundesrepublik ein hohes Amt bekleidete, birgt jedoch für den Historiker und Biographen die Gefahr, sich der retrospektiven Illusion hinzugeben, also, vereinfacht ausgedrückt, dort Kontinuitäten auszumachen, wo sie zumindest nicht zwangsläufig sind. Dieser Beitrag hat versucht zu problematisieren, wie wichtig für Thedieck die wissenschaftliche Unterlegung seiner Tätigkeiten war und wie sich dies durch seine gesamte Laufbahn zog, aber auch wie sich die Beziehung der Wissenschaftler zu ihm wandelte. Aus methodischer Perspektive steht die Frage im Raum, ob diese Darstellung einer „biographischen Konstante" nicht in die Falle einer konstruierten Kontinuität tappt. In diesem Beitrag wurde

---

[57] Aubin an Thedieck, 24.10.1963, Bundesarchiv Koblenz, N 1018 (=Nachlass Aubin)/22, Bl. 181-183.
[58] Diese Fragestellung wird ausführlicher entwickelt in Brüll, Thedieck, 2013 (wie Anm. 2).

versucht, dem durch die Einnahme unterschiedlicher Perspektiven zu entgehen, indem auf einer als sehr gut zu bezeichnenden Quellenlage drei Sichtweisen ausgemacht wurden: der funktionale Charakter der entsprechenden Aktivitäten Thediecks als dessen „tägliche Arbeit", seine Selbstwahrnehmung und die Wahrnehmung durch die beteiligten Wissenschaftler. Die Vorgänge nehmen im chronologisch geordneten Nachlass Thedieck im Bundesarchiv Koblenz auch keinen gesonderten Raum ein – wie dies für andere Sachverhalte durchaus der Fall sein kann –, sondern finden sich in dessen allgemeiner Korrespondenz, an der der Anteil der Ego-Zeugnisse im Übrigen verschwindend gering ist. Es ist auch zu betonen, dass die Arbeiten, die nicht Thedieck, sondern die Wissenschaftler der „Westforschung" in den Blick nehmen, sich also dem Verhältnis von Wissenschaft und Politik gewissermaßen von der anderen Seite nähern, zu ähnlichen Einschätzungen bezüglich der Rolle Thediecks gelangen, wenn sie diese auch nur selten weiter problematisieren.

Als konstant kann man zweifellos die Wahrnehmung Thediecks durch die Historiker als einen „homme de terrain" sehen, der viel eher als sie direkte Beziehungen zu ihren Forschungsgegenständen hatte und sie mit entscheidenden Akteuren zusammenbringen konnte. Mehrmals wurde außerdem darauf hingewiesen, dass sich die Autoritätsverhältnisse in der Brüsseler Zeit und sicher nach 1949 wandelten, als Thedieck immer mehr zum Entscheidungsträger wurde.

Indes ist die wissenschaftliche Leistung und Innovationsfähigkeit jener Wissenschaftler, mit denen Thedieck über mehrere Jahrzehnte zusammenarbeitete, in den letzten Jahren viel diskutiert worden. Angestoßen durch die Debatten um Willi Oberkromes Forschungen zur Kontinuität zwischen der Sozialgeschichte der 1970er Jahre und der Volksgeschichte der 1920er und 1930er Jahre, die damals auch im Zusammenhang mit der Diskussion um die „Modernität des Nationalsozialismus" geführt wurden, haben gerade Hans Derks und Peter Schöttler letztlich die Wissenschaftlichkeit der Arbeiten namentlich von Franz Petri oder Franz Steinbach bestritten bzw. kritisiert.[59] Die wissenschaftlichen Grundlagen, die Thedieck so gerne betonte, waren sie also gar nicht rational und objektiv?

---

[59] Polemisch und manchmal auf wackligem Quellenfundament, aber mit interessanten Fragestellungen: Derks, Westforschung, 2001 (wie Anm. 40); eindrucksvoll: Schöttler, Peter, Die intellektuelle Rheingrenze. Wie lassen sich die französischen „Annales" und die NS-„Volksgeschichte" vergleichen?, in: Conrad, Christoph/Conrad, Sebastian (Hg.), Die Nation schreiben. Geschichtswissenschaft im internationalen Vergleich, Göttingen 2002, S. 271-295.

Marnix Beyen hat davor gewarnt, in simple Dichotomien zu verfallen und davon auszugehen, dass es eine „reine" (ideologiefreie) Wissenschaft und demgegenüber eine „pervertierte" (ideologiedurchsetzte) Wissenschaft gebe. Für die deutsche Kulturpolitik im besetzten Belgien geht er vielmehr von der Aushandlung eines Modus vivendi zwischen der Logik der Wissenschaft und der Logik der Besatzungspolitik aus.[60] Er stellt dabei die These auf, dass für Wissenschaftler wie Petri die Kulturpolitik eine nationale und eine wissenschaftliche Aufgabe gewesen sei. „Wenn sie nicht von der Wissenschaftlichkeit ihrer Verwaltungstätigkeit überzeugt gewesen wären, hätten sie zweifellos nicht solange am nationalsozialistischen Besatzungssystem mitgewirkt."[61] Es ist wohl nicht besonders kühn, aber eben aufschlussreich, wenn man diese These auch auf Franz Thedieck überträgt.

Die auch von Thedieck in der Nachkriegszeit entwickelte Vorstellung, dass es letztlich das NS-Regime gewesen war, das die „reine" Wissenschaftlichkeit behindert oder gar zerstört habe, hatte zur Folge, dass die Frage nach einem „falschen" Fundament für die Zeit zwischen 1924 und 1945 gar nicht erst gestellt wurde und dass mithin auch das eigene Handeln keine Selbstreflexion oder Infragestellung benötigte. Unrechtsbewusstsein oder Selbstzweifel bezüglich seiner eigenen Rolle hat Thedieck nicht gekannt. Letztlich erklärt dies auch seine Motivation als Staatssekretär im BMG, wo zwar der Antikommunismus mehr und mehr zum entscheidenden Instrument und rhetorischen Werkzeug wurde, aber eigentlich immer eine ethnozentrische[62], deutschnationale Kontinuität im Denken und Handeln Thediecks bestand.

---

[60] Beyen, Cultuurpolitiek, 2003 (wie Anm. 40), S. 55-56.
[61] Ebd., S. 70 (Übersetzung des Zitats C.B.).
[62] Dazu auch die Bemerkungen bei Oberkrome, Willi, Zur Kontinuität ethnozentrischer Geschichtswissenschaft nach 1945. Weltanschauung und politisches Engagement der westdeutschen Kulturraumforschung in den fünfziger Jahren, in: Zeitschrift für Geschichtswissenschaft, Nr. 1, 49 (2001), S. 50-61.

Wer macht Karriere? „Black-Box", Netzwerk und Referenzrahmen: Methoden-Mix zur Analyse individualbiographischer Karrierewege eines Generals der Wehrmacht zwischen Kaiserreich und Bundesrepublik

Peter M. Quadflieg

EINLEITENDE BEMERKUNGEN

Die folgenden Ausführungen beruhen auf dem Manuskript eines Vortrages für den Tag der Wissenschaftsgeschichte 2011 an der RWTH Aachen. Das Manuskript wurde ergänzt durch Überlegungen, die 2012 in Potsdam im Rahmen des Nachwuchskolloquiums zur Militärgeschichte für Nachwuchswissenschaftler angestellt wurden. Das hier vorzustellende individualbiographische Konzept ist zudem ausführlich dargestellt in der Dissertation des Verfassers zur Biographie des Wehrmacht-Generals Gerhard Graf von Schwerin (1899-1980), die 2014 an der RWTH Aachen eingereicht worden ist.[1]

Im Zentrum dieser Studie steht die Untersuchung der Karrierewege des Berufsoffiziers Gerhard Graf von Schwerin. Bei Vorrecherchen[2] hatte sich eine auffällige Asymmetrie zwischen Schwerins erfolgreicher militärischer Laufbahn bis 1945 einerseits sowie seinem beruflichen Scheitern im Nachkriegsdeutschland und Aussagen über seine oppositionelle politische Einstellung während des „Dritten Reiches" andererseits offenbart. Darüber hinaus prädestinierte Schwerins vielschichtige und unstetige Nachkriegskarriere als Rüstungs- und Politikberater ihn für eine genauere biographische Fallstudie.

Die individuelle Berufsbiographie Gerhard Graf von Schwerins wurde für das Dissertationsprojekt in eine übergeordnete Forschungsfrage eingebettet. Schwerin wurde – wie eine signifikante Gruppe ehemaliger Spitzenoffiziere der

---

[1] Vgl. Quadflieg, Peter M., Gerhard Graf von Schwerin (1899-1980): Karrierepfade eines Generals zwischen Kaiserreich und Bundesrepublik, Diss. RWTH Aachen 2014, S. 9-40, erschienen 2016 im Schöningh Verlag Paderborn.
[2] Diese wurden für ein Gutachten im Auftrag der Stadt Aachen durchgeführt. Vgl. Rass, Christoph/Rohrkamp, René/Quadflieg, Peter M., General Graf von Schwerin und das Kriegsende in Aachen. Ereignis, Mythos, Analyse, Aachen 2007.

Wehrmacht, die um 1900 geboren worden war – beim Aufbau der Bundeswehr ab Mitte der 1950er-Jahre nicht berücksichtigt. Diese ehemaligen Berufsoffiziere fanden in der jungen Bundesrepublik also keinen Anschluss an ihre militärische Karriere vor 1945 und mussten sich zwangsläufig neue Wirkungsbereiche suchen. Durch die Beschreibung von Schwerins Karrierepfaden nach 1945 verfolgt die Dissertation das Ziel, allgemeine Determinanten für berufliche Adaptionserfolge beziehungsweise -misserfolge von Angehörigen der ehemaligen militärischen Elite des „Dritten Reiches" vor dem Hintergrund der sozioökonomischen Rahmenbedingen der Bundesrepublik sichtbar zu machen. Mit anderen Worten, es galt für das Fallbeispiel Gerhard Graf von Schwerin erstens zu klären, welche Bedeutung die Wehrmachtkarriere für die Nachkriegslaufbahn hatte und dabei zweitens der Frage nachzugehen, warum ein Teil der ehemaligen Wehrmachtoffiziere in der Bundesrepublik Karriere machte und ein anderer nicht.

Vor diesem Hintergrund wird im Folgenden zunächst die Biographie Schwerins umrissen und dessen „Biographiewürdigkeit" diskutiert (2). Es folgen einige Grundüberlegungen zur multimethodischen Analyse einer individualbiographischen Wirkungsgeschichte (3), bevor diese Methode exemplarisch anhand einer Lebensphase Gerhard Graf von Schwerins demonstriert wird (4). Im Fokus steht dabei die Zeit zwischen 1951 und 1958, die durch eine Vielzahl paralleler beruflicher Aktivitäten Schwerins gekennzeichnet war. Ein Fazit (5) versucht die Vorzüge eines Methodenmix bei der Darstellung der Biographien einzelner Akteure zusammenzufassen.

GERHARD GRAF VON SCHWERIN: EIN BERUFSSOLDAT ZWISCHEN KAISERREICH UND BUNDESREPUBLIK

Bevor das methodische Konzept zur Analyse einer individuellen Berufskarriere vorgestellt werden kann, soll der Protagonist Gerhard Graf von Schwerin kurz vorgestellt werden, da er trotz seiner wichtigen Rolle bei der Initiierung der westdeutschen Wiederbewaffnung nach dem Zweiten Weltkrieg und einer prominenten Behandlung im Zusammenhang mit dem militärischen Widerstand gegen Hitler, wohl vor allem der Fachwissenschaft ein Begriff sein dürfte.[3]

Gerhard Helmut Detloff Graf von Schwerin wurde 1899 als Sohn des Polizeipräsidenten von Hannover geboren. Als Zwölfjähriger wurde er Mitglied des preußischen Kadettenkorps, ab 1915 nahm er als Frontoffizier am Ersten Weltkrieg teil. Während des Krieges wurde er mehrfach dekoriert und erlebte das Kriegsende als 19jähriger Oberleutnant. Nach dem Waffenstillstand schloss er sich verschiedenen Freikorps an, nahm am rechtsgerichteten Kapp-Putsch von 1920 teil und wurde anschließend aus dem preußischen Heer entlassen.[4]

Nach kurzen kaufmännischen Anstellungen in Bremen und Berlin entschloss sich Schwerin 1922 zum Wiedereintritt in die Armee. Auf eine stockende Karriere in der Reichswehr folgte nach 1933 ein rascher beruflicher Aufstieg in der Wehrmacht: einer Generalstabsausbildung und der Verwendung auf verschiedenen Chef- und Adjutantenstellen, schloss sich ab 1938 der Dienst im Oberkommando des Heeres an. Mit Beginn des Zweiten Weltkriegs wurde Oberstleutnant Graf von Schwerin als Bataillonsführer zur kämpfenden Truppe versetzt. Er nahm am Westfeldzug 1940 teil, diente dann in Afrika als Regimentskommandeur und ab Mitte 1941 in selber Funktion an der Ostfront. Nach mehreren Versetzungen und Beförderungen übernahm er im November 1942 das Kommando über die motorisierte 16. Infanteriedivision. Nach der fast vollständigen Vernichtung dieses Verbandes in der Winterschlacht 1943/44 wurde er als 116. Panzerdivision in Frankreich neu aufgestellt. Dort nahm die Division an den Abwehrkämpfen in der Normandie und am Rückzug auf die Reichsgrenze teil. Im September 1944 wurde Schwerin als Divisionsführer wegen einer Auseinandersetzung zwischen NSDAP und Wehrmacht sowie wegen seines Eingreifens in die Evakuierung der Stadt Aachen abgelöst. Es folgte ein letzter Frontwechsel: In Italien übernahm Schwerin als Kommandierender General das 76. Panzerkorps und erreichte damit in den letzten Wochen des sogenannten Dritten Reiches seinen Karrierehöhepunkt. Am 26. April 1945 ergab er sich am Fluss Po britischen Soldaten und geriet in Kriegsgefangenschaft.[5]

---

[3] Eine Vorstellung des bisherigen Forschungsstandes zu Schwerin findet sich in Quadflieg, Graf von Schwerin, 2014 (wie Anm. 1), S. 33-40.
[4] Vgl. ebd., S. 41-65.
[5] Vgl. Quadflieg, Graf von Schwerin, 2014 (wie Anm. 1), S. 66-240.

Schon vor Kriegsbeginn geriet Schwerin mehrfach mit seinen Vorgesetzten in Konflikt. Auch während seiner Zeit als Regiments- und Divisionsführer kam es zu Auseinandersetzungen mit Vorgesetzten über taktische Fragen. Angriffe auf seine Führungsfertigkeiten oder die „Ehre" der ihm unterstellten Truppen begegnete Schwerin dabei mit scharfen Gegenangriffen. Seiner Karriere innerhalb der Wehrmacht schadete dies nicht.[6] General Friedrich-August Schack, sein direkter Vorgesetzter, beurteilte Schwerin im September 1944 wie folgt:

> „[i]dealgerichteter, ruhiger, wägender Char[akter] v[on] vorbildl[icher] pers[önlicher] Einsatzbereitsch[aft]. Hängt sehr an s[einer] Tr[uppe], die mit ausserordentl[icher] Liebe u[nd] Verehrung auf ihn eingeschworen ist. […] Neigt bisweilen dazu, [einen] eigenen, von warmherzigen Affekt beeinflussten, Weg zu gehen, ohne dabei immer genügend die Gesamtlage im Auge zu behalten."[7]

Schwerin war kein Nationalsozialist und vor dem Kriegsausbruch hatte er private Kontakte in das Umfeld der konservativ-militärischen Opposition in Berlin unterhalten. Mitglied des aktiven Widerstandes wurde er jedoch nicht, wenn dies auch in der Nachkriegszeit – nicht zuletzt durch die Überinterpretation von Schwerin verbreitete Anekdoten – so dargestellt wurde.[8]

Nach dem Zweiten Weltkrieg tauchte Schwerin bis zu seinem Tod 1980 in vier typischen Betätigungsfeldern auf, in denen sich ehemalige hochrangige Berufssoldaten der Wehrmacht verstärkt engagierten: Erstens versuchten sich die Offiziersveteranen im Bereich der militärischen Expertise, insbesondere der politischen Beratung und später als Soldaten in der Bundeswehr; zweitens wurden sie in der Unternehmensberatung tätig, insbesondere im Rüstungsbereich oder übten Tätigkeiten im Verbändewesen der jungen Bundesrepublik aus; drittens widmeten sie sich publizistischen Tätigkeiten insbesondere im Bereich der Geschichtsschreibung zum Zweiten Weltkrieg, indem sie beispielsweise ihre Memoiren veröffentlichten; viertens spielten die ehemaligen hochrangigen Offiziere eine wichtige Rolle beim Aufbau und in der Führung von Veteranenorganisationen der ehemaligen Wehrmacht Anfang der 1950er-Jahre.

Schwerin engagierte sich in allen vier genannten Wirkungsbereichen. Er beriet von Mai bis Oktober 1950 inoffiziell Bundeskanzler Konrad Adenauer in Fragen der äußeren Sicherheit. In dieser Funktion baute er mit dem „Büro Schwerin" im

---

[6] Vgl. ebd.
[7] Generalskartei P3, Schwerin, Graf von, Gerhard, BArch RH 7/732.
[8] Vgl. Quadflieg, Graf von Schwerin, 2014 (wie Anm. 1), insbesondere S. 152-182.

Kanzleramt die Keimzelle des späteren Verteidigungsministeriums auf.[9] In den Folgejahren stellte Schwerin seine militärische Expertise dem amerikanischen Geheimdienst CIA, einzelnen Politikern verschiedener Parteien und über einen längeren Zeitraum der FDP zur Verfügung.[10] Gleichzeitig bemühte er sich – jedoch erfolglos – um eine Einstellung in die Bundeswehr.[11]

Parallel zu seiner Tätigkeit als Politikberater war Schwerin ab Mitte der 1950er-Jahre bis zu seinem Tod 1980 als Berater verschiedener Rüstungsfirmen tätig, darunter die italienischen Breda-Werke, die Firma Krauss-Maffei, der Mischkonzern IWKA und die Waffenschmiede Mauser. Mit dieser Tätigkeit als Lobbyist verdiente er primär seinen Lebensunterhalt.[12] Zudem nahm der ehemalige General als Zeitzeuge Einfluss auf die Historiographie zu seinem eigenen Wirken, insbesondere zu seinen Verbindungen zum militärischen Widerstand gegen Hitler und zur Geschichte „seiner" 116. Panzerdivision, die den Spitznamen „Windhund-Division" trug. Zusätzlich versuchte er sich an autobiographischen Texten.[13]

Schließlich war Schwerin ab 1948 Ehrenvorsitzender des Veteranenverbandes der 116. Panzerdivision, dem „Familienverband der ehemaligen Angehörigen der Windhund-Division (116. Panzer-Division) e.V." und wirkte insbesondere in der Konstituierungsphase auf verschiedene Dachverbände im westdeutschen Veteranenwesen ein.[14]

Die „Omnipräsenz" Schwerins in den vier wichtigsten Betätigungsfeldern für ehemalige Berufsoffiziere der Wehrmacht über einen Zeitraum von mehr als

---

[9] Vgl. ebd., S. 288-392.
[10] Vgl. Quadflieg, Graf von Schwerin, 2014 (wie Anm. 1), S. 393-422; 492-500 und 511-523.
[11] Vgl. ebd., S. 452-476.
[12] Vgl. ebd., S. 423-441, 500-511 und 524-545.
[13] Vgl. den von Schwerin selbst verfassten Eintrag zu seiner Person in: Schwerin, Hildegard von (Hg.), Vierter Nachtrag zur Geschichte des Geschlechts von Schwerin (Deutsches Familienarchiv. Ein genealogisches Sammelwerk, Bd. 56), Neustadt/Aisch 1973, S. 65-104, das Typoskript „... in letzter Stunde! Meine Reise nach England vor Ausbruch des II. Weltkrieges", datiert: im April 1979, IfZ ED 337/1. Eine Kopie befindet sich im Bestand BArch MSg 2/12934 und das Typoskript „Der Kampf Rommels gegen Hitler. Eine menschliche Tragödie. Die Gründe für den verzögerten Einsatz der 116. Panzerdivision in der Invasionsschlacht im Sommer 1944", datiert „12/1977", IfZ ED 337/2.
[14] Vgl. Quadflieg, Graf von Schwerin, 2014 (wie Anm. 1), S. 442-451 und 546-562 sowie Ders., „Windhunde" im Hürtgenwald. Vossenack als „Lieu de Mémoire" für einen Veteranenverband der Wehrmacht, in: Möller, Frank (Hg.), Hürtgenwald – Perspektiven der Erinnerung, Köln 2015 (in Vorbereitung).

dreißig Jahren prädestiniert ihn für eine biographische Betrachtung im Kontext der Forschungsfragen nach Elitenkontinuität zwischen „Drittem Reich" und Bundesrepublik, wie sie eingangs skizziert worden sind. Hannes Schweiger hat betont, dass

> „Biographiewürdigkeit' [...] keine Eigenschaft des oder der Biographierten [sei], sondern Ergebnis von Kanonisierungsprozessen und ihren Gegenbewegungen. Die Biographie kann eine Lebensgeschichte überhaupt erst ‚biographiewürdig' und damit bedeutsam werden lassen, indem sie sie darstellt. Auf diese Weise können Biographien nicht nur der Tradierung eines Kanons dienen, sondern diesen auch infrage stellen [...]."[15]

In diesem Sinne eignet sich Gerhard Graf von Schwerin aus einem weiteren Grund als biographisches Fallbeispiel aus der Gruppe der ehemaligen militärischen Elite des „Dritten Reiches". Denn letztendlich scheiterte Schwerin langfristig in all seinen Tätigkeitsbereichen in der Nachkriegszeit: Adenauer entließ ihn nach kurzer Dienstzeit. Eine längerfristige politische Beratung führender Politiker kam nicht zustande, innerhalb der FDP isolierte er sich in den 1970er-Jahren. Schwerins Bewerbung bei der Bundeswehr fiel 1959 endgültig durch. Seine Tätigkeit als freiberuflicher Industrieberater führte den Ex-General in den 1970er-Jahren in den finanziellen Ruin, nachdem sie in den 1960er-Jahren durchaus einträglich gewesen war. Und selbst innerhalb des inneren Zirkels des Veteranenverbandes „seiner" „Windhund-Division" isolierte Schwerin sich in seinem letzten Lebensjahrzehnt.

Während Schwerins Lebensgeschichte so auch die Geschichte einer gescheiterten Anpassung an die Nachkriegsrealitäten ist, hat der biographische Forschungstrend zur NS-Militärelite und ihrer Nachkriegskarriere bisher hauptsächlich Personen erfasst, die nach dem Krieg erfolgreiche ihre Karriere fortsetzen konnten.[16] Diesen beruflich reüssierenden ehemaligen Spitzenmilitärs steht aber

---

[15] Schweiger, Hannes, „Biographiewürdigkeit", in: Klein, Christian (Hg.), Handbuch Biographie. Methoden, Traditionen, Theorien, Stuttgart u.a. 2009, S. 32-36, hier S. 36.
[16] Als neuere Arbeiten mit kollektivbiographischen Ansatz sind u.a. zu nennen: Lockenour, Jay, Soldiers as Citizens. Former Wehrmacht Officers in the Federal Republic of Germany, 1945-1955, Lincoln/NE u.a. 2001.; Naumann, Klaus, Generale in der Demokratie. Generationsgeschichtliche Studien zur Bundeswehrelite, Hamburg 2007; Pauli, Frank, Wehrmachtsoffiziere in der Bundeswehr: Das kriegsgediente Offizierkorps der Bundeswehr und die Innere Führung 1955-1970, Paderborn u.a. 2010; Ueberschär, Gerd R., Hitlers militärische Elite, 2., durchgesehene und bibliographisch aktualisierte Auflage, Darmstadt 2011, Hammerich, Helmut R./ Schlaffer, Rudolf J. (Hg.), Militärische Aufbaugenerationen der Bundeswehr 1955 bis

eine große Zahl bisher wenig beachteter gescheiterter Karrieren gegenüber. Das Fallbeispiel Gerhard Graf von Schwerin sollte entsprechende Anhaltpunkte liefern, von welchen Kriterien Erfolg oder Misserfolg bei der beruflichen Neuorientierung ehemaliger Spitzenmilitärs in der jungen Bundesrepublik abhingen und gleichzeitig der ohne jeden Zweifel vorhandenen Elitenkontinuität zwischen Nationalsozialismus und Bundesrepublik im militärischen Bereich eine Gegenerzählung über gescheiterte Anpassungsversuche gegenüberstellen.

METHODISCHES VORGEHEN: *BLACK BOX*, REFERENZRAHMEN, NETZWERK

Unmittelbar mit den Leitfragen der Studie und den Überlegungen zur „Biographiewürdigkeit" Gerhard Graf von Schwerins verknüpft war die Auswahl einer biographischen Methode für die Darstellung und die Analyse, zumal der Quellenfundus für eine umfassende biographische Studie zu Schwerins Wirken sehr

---

1970: Ausgewählte Biographien (Sicherheitspolitik und Streitkräfte der Bundesrepublik Deutschland, Bd. 10), München 2011 sowie in Aufsatzform: Bald, Detlef, Von der Wehrmacht zur Bundeswehr. Kontinuität und Neubeginn, in: Conze, Werner/Lepsius, M. Rainer (Hg.), Sozialgeschichte der Bundesrepublik Deutschland. Beiträge zum Kontinuitätsproblem (Industrielle Welt, Bd. 34), Stuttgart 1983, S. 387-409; Meyer, Georg, Soldaten ohne Armee. Berufssoldaten im Kampf um Standesehre und Versorgung, in: Broszat, Martin/Henke, Klaus-Dietmar/Woller, Hans, Von Stalingrad bis zur Währungsreform. Zur Sozialgeschichte des Umbruchs in Deutschland (Quellen und Darstellungen zur Zeitgeschichte, Bd. 26), München 1989; Wrochem, Oliver von, Keine Helden mehr. Die Wehrmachtelite in der öffentlichen Auseinandersetzung, in: Ders./Greven, Michael Th., Der Krieg in der Nachkriegszeit. Der Zweite Weltkrieg in Politik und Gesellschaft der Bundesrepublik, Opladen 2000, S. 151-165; Scholten, Jens, Offiziere: Im Geiste unbesiegt, in: Frei, Norbert, (Hg.), Hitlers Eliten nach 1945, 3. Auflage, München 2007, S. 117-164; Bührer, Michael, Offiziere im „Wirtschaftswunderland", in: Breymayer, Ursula/Ulrich, Bernd/ Wieland, Karin, Willensmenschen. Über deutsche Offiziere, 2. Auflage, Frankfurt/Main 2000, S. 37-49; Wette Wolfram, Die Wehrmacht. Feindbilder, Vernichtungskrieg, Legenden, Frankfurt/Main 2005, S. 141-196, und Ders., Das Bild der Wehrmacht-Elite nach 1945, in: Ueberschär, Elite, 2011, S. 578-593. Für den Bereich der DDR-Generalität vgl. Froh, Klaus/Wenzke, Rüdiger, Die Generale und Admirale der NVA. Ein biographisches Handbuch, hrsg. vom Militärgeschichtlichen Forschungsamt, Berlin 2000 und Niemetz, Daniel, Das feldgraue Erbe. Die Wehrmachtseinflüsse im Militär der SBZ/DDR (Militärgeschichte der DDR, Bd. 13), Berlin 2006. Hervorzuhebende Einzelbiographien mit einem Fokus auch auf die Nachkriegszeit sind Meyer, Georg, Adolf Heusinger. Dienst eines deutschen Soldaten 1915 bis 1964, Hamburg u.a. 2001; Schlaffer, Rudolf J./Schmidt, Wolfgang (Hg.), Wolf Graf von Baudissin 1907 bis 1993. Modernisierer zwischen totalitärer Herrschaft und freiheitlicher Ordnung, München 2007, Diedrich, Torsten, Paulus. Das Trauma von Stalingrad. Eine Biographie, Paderborn u.a. 2008 und Zimmermann, John, Ulrich de Maizière: General der Bonner Republik, 1912-2006, München 2012.

umfangreich ist. Hervorzuheben sind in diesen Zusammenhang die im Bundesarchiv und im Archiv des IfZ in München liegenden umfangreichen dienstlichen und privatdienstlichen Nachlässe,[17] die durch kleinere Bestände – insbesondere Korrespondenz – in rund 25 anderen in- und ausländischen Archiven ergänzt werden konnten.[18]

Obwohl die Darstellungsform der Biographie allgemein und die biographische Untersuchung von Angehörigen der deutschen Militärelite im 20. Jahrhundert im Speziellen in der universitären Forschung der letzten fünfzehn Jahre einen deutlichen Aufschwung erlebt hat,[19] konnte sich noch kein universales biographisches Modell zur Anwendung für historisch-hermeneutische Fragestellungen durchsetzen. Gleichwohl hat mit dem Aufschwung biographischer Darstellungen auch die methodische Diskussion um die Biographik zugenommen.[20]

Einigkeit besteht darüber, dass die Biographie als Darstellungsform die Chance bietet, Beziehungspunkte zwischen dem im Zentrum der Betrachtung stehenden Individuum und den sozialen Strukturen, in denen es agiert, herauszuarbeiten. Mehr noch, das biographische Fallbeispiel ist dazu geeignet, nicht nur Beziehungspunkte zu benennen, sondern Wechselwirkungen zwischen den externen Einflussgrößen, also den politischen, kulturellen und sozialen Rahmenbedingungen, und den Entscheidungen des individuellen historischen Akteurs zu illustrieren. Denn einerseits wirken die exogenen Strukturen auf die Entscheidungsprozesse des Akteurs ein. Anderseits haben dessen Entscheidungen und Handlungen einen mehr oder weniger großen Einfluss auf die Verfestigung oder die Wandlung von Strukturen.[21]

Dennoch verzichten die meisten neueren Biographien mit wissenschaftlichem Anspruch ganz auf einen methodischen Unterbau oder ziehen sich auf allgemeine Ausführungen zurück, wenn beispielsweise die Absicht dokumentiert wird,

---

[17] Der Nachlass im IfZ München hat die Signatur ED 337. Der Teilnachlass im Bundesarchiv-Militärarchiv Freiburg ist unter der Signatur Pers 6/353 (Personalakte) bzw. in Bänden des Bestands MSg 1, ZA 1/275 und ZA 1/276 zu finden.
[18] Ein Quellennachweis ist zu finden in Quadflieg, Graf von Schwerin, 2014 (wie Anm. 1), S. 576-580.
[19] Vgl. hierzu auch Quadflieg, Peter M./Hoppe, Katharina, Die militärhistorische Biographie: Vom „Bastard der Geschichtswissenschaften" zur methodischen Chance?, in: Newsletter des Arbeitskreis Militärgeschichte, Nr. 34 (2010), S. 5-10.
[20] Vgl. als Einführung und Bestandsaufnahme der neueren Forschungsdiskussion: Klein, Christian (Hg.), Handbuch Biographie. Methoden, Traditionen, Theorien, Stuttgart u.a. 2009.
[21] Vgl. hierzu Quadflieg, Graf von Schwerin, 2014 (wie Anm. 1), S. 18.

mit der Biographie eines Akteurs den Lebensweg eines „typischen" Repräsentanten für eine bestimmte Epoche, einen bestimmten Berufsstand, einen bestimmten Karriereweg usw. vorstellen zu wollen. Im Sinne einer Versöhnung zwischen Strukturgeschichte und personenbezogener Darstellung soll dabei die Biographie gewissermaßen als Sonde im historischen Raum und den dort vorherrschenden gesellschaftlichen Strukturen fungieren.[22] Es mehren sich gleichzeitig Stimmen, die die natürliche Methodenferne der Biographie als einen Vorteil dieser Darstellungsform für historische Studien betonen. Wolfram Pyta etwa schreibt, dass die „Wiederbelebung einer pragmatischen, nicht theoretisch überladenen Hermeneutik [..] dazu geführt [hat], dass eine gewisse Theorieferne der Biographie zum Vorteil gereichte."[23]

Dennoch bietet die Anwendung eines konkreteren biographischen Modells Vorteile. Insbesondere können theoretische Leitplanken eine plausible Erklärung für die gewählten Darstellungsachsen und notwendigen Auslassungen in der Darstellung geben. Gerade hier liegt nämlich die größte Gefahr einer biographischen Arbeit. Die Möglichkeiten weitere Quellenbestände durch die Identifikation immer neuer personeller Querverbindungen zu erschließen und die schier unüberschaubare Anzahl von möglichen historischen Einordnungen und Querverweisen stellt jeden Biographen vor die Herausforderung – will er seine Darstellung noch in einem für den Leser erträglichen Umfang belassen – innerhalb der rekonstruierten Lebensgeschichte zu selektieren, weniger relevante Abschnitte und Episoden auszuklammern und dafür umgekehrt für die Gesamtinterpretation besonders wichtige Aspekte und Beziehungen in den Vordergrund zu stellen.

Da ein adäquates Modell für die Bandbreite der eingangs skizzierten Leitfragen und Forschungsperspektiven fehlte, wurde für die Biographie Gerhard Graf von Schwerins auf eine Verknüpfung unterschiedlicher theoretischer Ansätze analog zu den angestrebten Analyseebenen hingearbeitet. Auf der individuellen Ebene konnte dabei auf ein Modell zurückgegriffen werden, das der Wirtschafts- und Sozialhistoriker Werner Abelshauser für seine Biographie Hans Matthöfers entwickelt hat, um dessen „Wandlungen in der Lebensführung" systematischer zu

---

[22] Vgl. ebd., S. 18 ff.
[23] Pyta, Wolfram, Biographisches Arbeiten als Methode: Geschichtswissenschaft, in: Klein, Biographie, 2009 (wie Anm. 20), S. 331-338, hier S. 332.

fassen.[24] Abelshauser geht es darum, durch sog. exogene Schocks ausgelöste Anpassungen seines Akteurs an veränderte gesellschaftliche Rahmenbedingungen und Strukturen, etwa beim Übergang vom „Dritten Reich" zur Bundesrepublik zu erkennen und zu analysieren. Nach seiner Vorstellung kann man solche erzwungenen Wandlungsprozesse mit dem Bild einer persönlichen *Black Box* fassen. In Entscheidungssituationen fragt ein Akteur in seiner *Black Box* Erfahrungen in Hinblick auf seine Zukunftserwartung ab. Da die Zukunft mit starker Unsicherheit behaftet ist, werden dem Akteur dabei in der *Black Box* verschiedene alternierende Entscheidungstheorien angeboten. Dies bedeutet, dass er seine tatsächliche Entscheidung aus einer Reihe von möglichen Handlungsalternativen trifft. Ob eine Handlungsalternative als „möglich" erscheint, hängt zu einem gegebenen Entscheidungszeitpunkt von den bisher gemachten Erfahrungen und den daraus abgeleiteten Zukunftserwartungen unter gegeben Rahmenbedingungen und bei einer gegebenen institutionellen Vernetzung des Akteurs ab.[25]

Nun sind die „Erfahrungen" und „Erwartungen" in der *Black Box* eines Akteurs höchst instabil. Erinnerungen werden im Verlauf der Zeit entsprechend einem komplexen Veränderungsprozess durch ein Individuum permanent zu „Erfahrungen" recodiert. So bildet „Erfahrung" keinesfalls einen objektiven Entscheidungsindikator, sondern ist ebenso wie die gegenteilige „Erwartung" hochgradig subjektiv und von den äußeren Umständen zum Entscheidungszeitraum abhängig. Zudem muss beachtet werden, dass „Erfahrung" und „Erwartung" in einem starken Wechselverhältnis zueinander stehen. Um dieses Problem zu fassen, können wir uns frei an ein Konzept Reinhart Kosellecks anlehnen, das dieser Anfang der 1970er-Jahre geprägt hat.

Kosellecks Ansatz beruht auf einer zeitbezogenen Verbindung zwischen „Erfahrung" und „Erwartung". Er spricht davon, dass „Erfahrung" als vergegenwärtigte Vergangenheit begriffen werden kann, während „Erwartung" vergegenwärtigte Zukunft darstellt. Hieraus leitet Koselleck ab, dass „Erfahrung" und „Erwartung" keine Ergänzungsbegriffe wie „Vergangenheit" und „Zukunft" sind, sondern sich einzig für eine gegebene Gegenwart definieren. Summierte „Erfahrungen" bilden dabei einen „Erfahrungsraum", während analog gegenwärtige „Er-

---

[24] Vgl. Abelshauser, Werner, Nach dem Wirtschaftswunder. Der Gewerkschafter, Politiker und Unternehmer Hans Matthöfer, Bonn 2009.
[25] Vgl. hierzu Quadflieg, Graf von Schwerin, 2014 (wie Anm. 1), S. 22-25.

wartungen" einen „Erwartungshorizont" konstituieren, der „Hoffnung und Furcht, Wunsch und Wille, die Sorge, aber auch rationale Analyse, rezeptive Schau oder Neugierde"[26] einschließt.

Für unser biographisches Modell bedeutet dies, dass Entscheidungsprozesse in der jeweiligen historischen Gegenwart zu einem gegebenen Zeitpunkt von einer Vielzahl individueller Einflussfaktoren abhängen, die durch die Gegenwartsachse voneinander geschieden sind und gleichzeitig durch die Abhängigkeitsbeziehung zwischen „Erfahrungsraum" und „Erwartungshorizont" jeweils neu in der *Black Box* abgerufen und zu Handlungstheorien verarbeitet werden. Als wichtige Einzelfaktoren, die sich aus „Erfahrungen" der Vergangenheit speisen, ist dabei etwa an die frühkindliche Prägung, die Erziehung, überlieferte Denk- und Handlungsweisen, Lebenserfahrung und erworbenes Wissen zu denken.[27]

Anderseits unterliegen, wie bereits erwähnt, die in der *Black Box* bereit gestellten Handlungstheorien den Einschränkungen von Institutionen, wie z.b. gesellschaftlich akzeptierten Denk- und Handlungsweisen, Regeln, Normen, Konventionen, Gesetzen sowie Sitten und Gebräuchen, die einen überindividuellen Charakter aufweisen. Durch den Zeit- und Wertewandel, aber auch durch situative Momente sind möglicherweise vor kurzer Zeit noch gültige Determinanten des institutionellen Rahmens nicht mehr für die Entstehung einer Handlungstheorie adäquat. Ein einfaches Beispiel: Ein ehemaliger Schüler wird mit dem Eintritt in die Universität merken, dass die Regeln, Normen und Konventionen an einer Universität andere sind, als die in einer Schule. Gleichwohl wird er eine gewisse Zeit brauchen, bis er sich an die institutionellen Rahmenbedingungen des Universitätslebens mit seinen Sitten und Gebräuchen, Regeln und Handlungsweisen gewöhnt hat. Gleichzeitig wird er in seiner *Black Box* die Schulerfahrungen neu interpretieren und seine Erwartungen in Bezug auf das Studium ebenfalls.

Zudem bestehen zwischen der institutionellen Sphäre und der *Black Box* natürlich starke Wechselbeziehungen. Ebenso wie der Einfluss von Institutionen individuelle Bewertungs- und Entscheidungsprozesse beeinflusst, führt die Summe von individuellen Entscheidungen und Handlungen, besonders in Zeiten von geschwächten oder zusammengebrochenen Institutionen – etwa nach dem Zu-

---

[26] Koselleck, Reinhart, „Erfahrungsraum" und „Erwartungshorizont". Zwei historische Kategorien, in: Ders., Vergangene Zukunft. Zur Semantik geschichtlicher Zeiten, Frankfurt/Main: 1979, S. 349-375, hier S. 355.
[27] Vgl. Quadflieg, Graf von Schwerin, 2014 (wie Anm. 1), S. 22-25.

sammenbruch des nationalsozialistischen Deutschlands – zu deren Neukonstruktion.

Für unser biographisches Modell macht diese Erkenntnis es notwendig zwei weitere methodische Leitplanken einzuziehen, die auf die Frage abzielen, für welche der angebotenen Handlungstheorien in der *Black Box* sich ein Akteur letztendlich entscheidet. Dabei können wir uns zunächst an dem in der wirtschaftswissenschaftlichen Spieltheorie etablierten Konzept des *homo oeconomicus* orientieren. Es ist plausibel, dass Menschen in Entscheidungssituation den Nutzen ihrer Handlungsalternativen bewerten und sich schließlich für die Alternative entscheiden, die ihnen den höchsten erwarteten Nutzen stiftet. Dies muss selbstverständlich nicht die Entscheidung sein, die ex post betrachtet die höchste tatsächliche Nutzenauszahlung gebracht hätte. Wichtig ist zudem die Feststellung, dass „Nutzen" nicht zwangsläufig mit individuellen Vorteilen oder gar monetärem Einkommen gleichzusetzen sein muss. Ein Individuum kann durchaus einen bewertbaren Nutzen dadurch erfahren, dass es zum Beispiel auf eine eigene monetäre Einkommenssteigerung zu Gunsten eines geschätzten Partners verzichtet. Die Frage der individuellen Nutzenmaximierung ist also komplex und daher Gegenstand ganzer Forschungszweige der Volkswirtschaftslehre.[28]

Ein zentrales Problem bei der Beobachtung und Beschreibung von Entscheidungsprozessen ist, dass Akteure auf Grund von Informationsdefiziten keine objektive Abwägung des erwarteten Nutzens vornehmen können. Zudem besteht die Gefahr, dass negative externe Effekte bei Dritten entweder übersehen oder bewusst vernachlässigt werden. Schließlich sind die eigenen Nutzenerwartungen auch vom Verhalten Dritter abhängig, deren Informationsstand und Nutzenpräferenz dem Akteur jedoch meist ebenfalls unbekannt sind. Historisch können wir zudem beobachten, dass Individuen dazu tendieren, ihre Nutzenfunktion in extremer und rational oft gar nicht zu erklärender Weise zu verändern.

Der Sozialpsychologe Harald Welzer hat solche Vorgänge für Kriegsverbrechen während des Zweiten Weltkrieges untersucht. Seine zentrale These ist, dass nur in einem verschwindend kleinen Teil der Fälle pathologische Täternaturen für brutale Kriegsverbrechen verantwortlich waren. Vielmehr waren es scheinbar „ganz normale Männer", die etwa unter den Rahmenbedingungen des deutschen

---

[28] Vgl. einführend Laux, Helmut, Entscheidungstheorie. 7. Aufl., Berlin, 2007 und Holler, Manfred J./Illing, Gerhard, Einführung in die Spieltheorie, 6. Aufl., Berlin 2005.

Feldzuges gegen die Sowjetunion bereit waren, brutale Verbrechen auch an Kindern, Frauen und alten Menschen zu begehen. Welzer hat aus dieser Beobachtung die These abgeleitet, „dass Menschen fähig sind, ihr Handeln in jeweils spezifische Referenzrahmen einzuordnen [...], die es ihnen erlauben, ihr Handeln als etwas von ihrer Person Unabhängiges zu betrachten."[29]

In Bezug auf die von uns unterstellte Entscheidungsfindung in der *Black Box* bedeutet dies, dass Handlungsvarianten, die beispielsweise ein gesetzestreuer Familienvater in der Heimat und im Frieden als moralisch nicht vertretbar ausgeschlossen hätte, durchaus an der Front in Weißrussland 1943 relevant wurden. Welzer spricht in diesem Zusammenhang von einer „partikularen Rationalität", die durch aus „gesellschaftlich dominante[n] Normen", aus „sozialisierte[n] Werthaltungen, religiöse[n] Überzeugungen, vorangegangenen Erfahrungen, Wissen, Kompetenz, Gefühlen usw. [...]" und aus „situativ gebildete Gruppennormen" besteht.[30] Während die ersten beiden Einflussgrößen in unserem Modell bereits durch die „Erfahrungsräume" und „Erwartungshorizonte" in der *Black Box* sowie die institutionelle Sphäre abgebildet worden sind, erweitern die „situativ gebildeten Gruppennormen" das Modell um einen Referenzrahmen, an den sich die allermeisten Individuen auf Grund einer psychosozialen Präferenz für die Zugehörigkeit zu einer Gruppe anzupassen versuchen. Welzer spricht in diesem Zusammenhang von einem starken Bedürfnis nach „sozialer Zugehörigkeit".[31]

Es bleibt also festzuhalten, dass ein situativ entstehender Referenzrahmen die Anzahl möglicher, sozial akzeptierter Handlungsalternativen situationsgebunden zusätzlich einengt. Die Untersuchung von Referenzrahmen in historischen Entscheidungssituationen hilft den Biographen also zu verstehen, warum ein Akteur sich für bestimmte Handlungen entscheidet, auch wenn diese aus der Ex post-Betrachtung sich als unsinnig oder unverständlich darstellen. Wichtig ist in diesem Zusammenhang zudem die Erkenntnis, dass sich die „situativ gebildeten Gruppennormen" des Referenzrahmens erst durch die Betrachtung einer sozialen Gruppe, in die der Akteur eingebunden ist und in der er eine mehr oder weniger prägende Stellung einnimmt, fassen lassen. Aus diesem Grund müssen

---

[29] Welzer, Harald, Täter. Wie aus ganz normalen Menschen Massenmörder werden, Frankfurt/Main 2005, S. 14.
[30] Vgl. Welzer, Harald, Täter, 2005 (wie Anm. 29), S. 16
[31] Vgl. ebd., S. 248.

Netzwerke als die Gesamtheit der sozialen Beziehungen von Individuen eine entscheidende Bedeutung bei der Wahl der Beobachtungs- und Beschreibungsperspektive auch von Individualbiographien einnehmen. Wenngleich die Methoden der quantitativen Netzwerkanalyse für historische Studien auf Grund von stets vorhandenen Quellenlücken in der Regel nicht anwendbar sind, so hilft das Denken in Netzwerken, die Unterscheidung zwischen starken und schwachen Bindungen – im Sinne ihrer Wirkmächtigkeit – und die Bedeutung von relativen Positionierungen im Beziehungsgeflecht, das Entstehen und die Wirkmächtigkeit von Referenzrahmen besser zu verstehen.[32]

Kehren wir damit zurück zum individuellen Akteur. Wir können annehmen, dass die Anzahl und die Qualität der in der *Black Box* bereitgestellten Handlungsalternativen, also das Repertoire an Handlungsvarianten, entscheidenden Einfluss auf Erfolg oder Misserfolg in Entscheidungssituationen unter Unsicherheit hat. Abelshauser unterstellt:

„Je größer der Vorrat an akkreditierten Handlungsvarianten ist, über den ein Akteur im Ernstfall [eines exogenen Schocks] verfügt, desto souveräner kann er […] über Änderungen seiner Lebensweise entscheiden."[33]

Und auch die Netzwerktheorie geht davon aus, dass das soziale Kapital eines Individuums, gemessen am Grad der Intensität seiner Vernetzung, Handlungschancen im Sinne der Umwandlung in sog. Sozialkapital für das Individuum determinieren kann. Blicken wir damit auf das Anwendungsbeispiel – Graf von Schwerins berufliche Situation in der Mitte der 1950er-Jahre – und versuchen der Frage nachzugehen, wie die *Black Box*, der Referenzrahmen, die institutionelle Sphäre und das Netzwerk Schwerins Verhalten und damit seinen Anpassungserfolg in der gerade entstandenen Bundesrepublik beeinflussten.

ANWENDUNGSBEISPIEL: GERHARD GRAF VON SCHWERIN IN DEN 1950ER-JAHREN

Die Zeit zwischen 1951 und 1958 war für Gerhard Graf von Schwerin gleich mehrfach durch erzwungene berufliche Neuorientierungen geprägt. Zu Jahresbeginn 1951 stand Schwerin ohne Beschäftigung da. Nach nur 22 Wochen hatte

---
[32] Vgl. Quadflieg, Graf von Schwerin, 2014 (wie Anm. 1), S. 27 f.
[33] Abelshauser, Wirtschaftswunder, 2009 (wie Anm. 24), S. 16.

Konrad Adenauer ihn als Sicherheitsberater entlassen.[34] Der ehemalige General musste nicht nur auf die vom Kanzleramt gezahlten Bezüge verzichten. Schmerzlich war vor allem der Verlust einer konkreten beruflichen Perspektive: Schwerin war „erst" 51 Jahre alt, verfügte über kein Vermögen und die Versorgungsansprüche der ehemaligen Berufsmilitärs der Wehrmacht wurden erst im Mai 1951 und zudem relativ bescheiden durch den Bund geregelt.[35] Bis zum Erreichen des Rentenalters war Schwerin folglich auf eine Berufstätigkeit angewiesen. Welche Handlungsvarianten standen ihm zur Verfügung?

Er hatte zwischen 1920 und 1922 und dann noch einmal von Sommer 1948 bis Mai 1950 als kaufmännischer Angestellter gearbeitet. Erste Anstellungen nach dem Zweiten Weltkrieg hatte er über den Anschluss an zwei Kontaktnetzwerke gefunden. Über einen ehemaligen Divisionsstabsangehörigen seiner Panzerdivision hatte er 1948 eine kaufmännische Anstellung in der Marmeladenfabrik Orania in Bonn gefunden. Allerdings musste er sich im Sommer nach einer neuen Stellung umsehen, da die Geschäfte des ehemaligen Kriegskameraden schlecht liefen. Schwerin aktivierte nun ein zweites Netzwerk: die verwandtschaftlichen Beziehungen seiner Ehefrau zur Familie Reemtsma in Hamburg. Schwerin begann im Sommer 1949 für die von Reemtsma mitkontrollierte Pharmafirma Sturm & Co. ein Antibiotikum in Bayern zu vertreiben. Als Reisevertreter verdiente er ein Grundgehalt plus Erfolgsprämien und Spesen. Während seiner Tätigkeit im Kanzleramt hatte Schwerin sich aus dieser Tätigkeit zurückgezogen. Eine Rückkehr zu Sturm & Co. war Ende 1950 dennoch möglich. Allerdings entschied sich der Graf gegen einen Wiedereinstieg.[36] Warum?

Ein Blick in die *Black Box* der ehemaligen Generals im Winter 1950/1951: Sein Wiedereintritt in die Armee 1922 hatte Schwerin mit der Einsicht begründet, „[...] dass ich mich zum Leben des geldverdienenden Kaufmanns [...] nicht eigne."[37] Besonders der Kampf mit den „tausend Ränken neidischer Kollegen"[38]

---

[34] Zu dieser Tätigkeit und den Hintergründen der Entlassung vgl. Quadflieg, Graf von Schwerin, 2014 (wie Anm. 1), S. 288-392.
[35] Vgl. zur materiellen Lage der ehemaligen Berufssoldaten der Wehrmacht Manig, Bert-Oliver, Die Politik der Ehre. Die Rehabilitierung der Berufssoldaten in der frühen Bundesrepublik, Göttingen 2004 und Meyer, Soldaten, 1989 (wie Anm. 16).
[36] Vgl. zur beruflichen Situation Schwerins nach dem Krieg: Quadflieg, Graf von Schwerin, 2014 (wie Anm. 1), S. 252-288.
[37] Verteidigungsschrift Graf von Schwerin, 4.11.1925, BArch Pers 6/353, fol. 73-82, hier fol. 78.
[38] Ebd.

sei ihm unerträglich gewesen und habe ihn zur Rückkehr in die Armee veranlasst. Tatsächlich hatte Schwerin sich seit seinem 12. Lebensjahr ausschließlich in einem militärischen Referenzrahmen bewegt. Bereits mit 15 Jahren wurde er aktiver Soldat. Die Erfahrung der fehlgeschlagenen Integration in eine zivilberufliche Stellung Anfang der 1920er-Jahre wirkte nach und prägte seinen „Erfahrungsraum".

Und wie sah der „Erwartungshorizont" Schwerins 1951 aus? Bereits in der Kriegsgefangenschaft hatte er sich intensiv mit den Möglichkeiten einer zukünftigen, deutschen-alliierten, militärischen Zusammenarbeit befasst. Im Kanzleramt hatte er an konkreten Wiederaufrüstungsplänen mitgearbeitet und im Herbst 1950 hatten die Westalliierten der bundesdeutschen Bewaffnung grundsätzlich zugestimmt. Schwerin konnte mit dem Aufbau neuer westdeutscher Streitkräfte in einem absehbaren Zeitraum rechnen. Seine Vernetzungsstrategie war schon vor der Berufung durch Adenauer im Mai 1950 auf die Wiederbelebung von dienstlichen und privatdienstlichen Kontakten aus der Kriegszeit konzentriert gewesen. Schwerin verband damit die Absicht in Zukunft wieder in einer militärischen oder militärnahen Stellung unterzukommen und damit an seine Karriere vor 1945 anzuschließen.[39]

Sein Scheitern als Sicherheitsberater des Kanzlers 1950 war für ihn deshalb eine umso herbere Enttäuschung. Dennoch erwartete er Anfang 1951 bei der sich nun konkret abzeichnenden Remilitarisierung berücksichtigt zu werden. Und dass trotz des Einflusses eines Netzwerks aus Kontrahenten, die seinen Sturz im Kanzleramt vorangetrieben hatten – in erster Linie die ehemaligen Generäle Reinhard Gehlens, Hans Speidel und Adolf Heusinger sowie der in der Wiederbewaffnungsfrage sehr engagierte Wohnungsbauminister Eberhard Wildermuth.[40] Schwerin entschied sich daher in Bonn und damit im Zentrum des politischen Geschehens zu bleiben und gegen eine erneute Vertretertätigkeit für die Firma Sturm & Co. in Bayern. Die Übergangszeit bis zu einer erhofften Einstellung in die „neue Wehrmacht" musste der ehemalige General allerdings beruflich überbrücken, schon allein aus finanziellen Gründen.

Schwerin versuchte seinen neuen Broterwerb mit politischen Revancheaktionen gegen diejenigen Personen zu verbinden, die er für seinen Rauswurf durch

---

[39] Vgl. Quadflieg, Graf von Schwerin, 2014 (wie Anm. 1), S. 252-392.
[40] Vgl. zur Bedeutung des Konkurrenznetzwerkes Vgl. Quadflieg, Graf von Schwerin, 2014 (wie Anm. 1), S. 302-392.

Adenauer verantwortlich machte, insbesondere wandte er sich gegen Reinhard Gehlen und dessen geheimdienstliche Organisation. Zunächst arbeitete Schwerin als eine Art „Ein-Mann-Nachrichtendienst" und bot Kontaktpersonen aus seiner Zeit bei Adenauer Informationen und seine militärpolitische Expertise an. Der Ex-General baute hierzu ein Netzwerk aus ehemaligen Soldaten auf, das sich im Wesentlichen aus dem Kreis der Veteranen seiner ehemaligen Panzerdivision rekrutierte. Diesen über ganz Westdeutschland verstreuten Gruppen gab Schwerin zur Aufgabe, Gedankenbeiträge über die augenblickliche und zukünftige militärpolitische Lage zu formulieren. Finanziert wurden diese Aktivitäten zwischen 1951 und 1954 durch den amerikanischen Geheimdienst CIA. Schwerins Lageeinschätzungen auf Grundlage der Stimmungsberichte seiner Veteranenkreise gingen in erster Linie an den Bonner Residenten des US-Dienstes, Harry Hermsdorf.[41]

Parallel gab Schwerin seine Überlegungen, Ratschläge und Warnungen – insbesondere vor Gehlen und dessen Organisation – auch an verschiedene deutsche Politiker, darunter Franz Josef Strauß (CSU), Erich Mende (FDP) und Fritz Erler (SPD) sowie für eine gewisse Zeit auch noch der SPD-Vorsitzende und Oppositionsführer Kurt Schumacher, weiter. Aus diesen Aktivitäten entwickelte sich später auch die Beratung der FDP Bundespartei.[42]

Darüber hinaus engagierte sich Schwerin in der Organisation „Hilfswerk 20. Juli" und initiierte, gemeinsam mit General a.D. Leo Geyr von Schweppenburg öffentliche Ehrungen für die Widerstandskämpfer. Der erste Vorschlag von 1951 für eine Gedenktafel im Berliner Bendlerblock stammte von Schwerin. Gemeinsam mit Geyr versuchte Schwerin zudem Einfluss in den Dachverbänden der sich nun konstituierenden Veteranenorganisationen zu gewinnen. Als dies scheiterte, organisierten die ehemaligen Generäle ab 1955 einen eigenen militärpolitischen Verein, mit Namen „Westliches Wehrwesen e.V."[43] Diese Aktivitäten, wie auch die Berichte für den CIA-Agenten Hermsdorf enthielten eine klare Warnung vor rechtsradikalen Tendenzen innerhalb der ehemaligen Wehrmachtselite. Politisches Ziel Schwerins war es, den Einfluss dieser Kreise – von ihnen als „die alte OKW-Clique" bezeichnet – zurückzudrängen. Selbstverständlich zählte Schwerin auch Gehlen zu dieser Gruppe.

---

[41] Vgl. ebd., S. 393-422.
[42] Vgl. Quadflieg, Graf von Schwerin, 2014 (wie Anm. 1), S. 393-422.
[43] Vgl. ebd.

Neben diesen Vernetzungsaktivitäten arbeite Schwerin seit 1952 für den Karlsruher Waffenhändler Walter Heck als Berater und Lobbyist. Heck versuchte über Dreiecksgeschäfte mit der Schweiz Einfluss auf den Rüstungsmarkt für die geplante Europäische Verteidigungsgemeinschaft zu gewinnen. Als alle gemeinsamen Projekte mit Heck 1954 gescheitert waren, intensivierte Schwerin seine durch die Zusammenarbeit gewonnen Kontakte mit dem italienischen Rüstungsunternehmen Breda und begann die Interessen dieser Firma in Deutschland zu vertreten.[44]

Im Sommer 1955 begann die von Schwerin lange erwartete Überprüfung der ehemaligen Oberste und Generäle der Wehrmacht für eine Übernahme in die Bundeswehr. Zuständig hierfür war der unabhängige Personalgutachterausschuss für die Streitkräfte – kurz PGA. Schwerin schränkte daraufhin seine Tätigkeit in der Politik- und Wirtschaftsberatung ein. Seinem Geschäftspartner Heck hatte er bereits 1953 geschrieben:

> „Nur möchte ich Sie bitten, gegenüber Ihren Freunden meine Person möglichst wenig zu erwähnen und mich nur als ‚technischen Ratgeber' zu bezeichnen. [...] Der Grund hierfür liegt darin, dass ich noch mit aktiver Verwendung bei einer künftigen Wehrmacht zu rechnen habe. Es wäre sehr unzweckmäßig in Hinblick hierauf, wenn meine Person mit Unternehmungen der Rüstungsindustrie in Zusammenhang gebracht werden würde."[45]

Doch die Prüfung von Schwerins Bewerbung durch die Bundeswehr-Gutachter verzögerte sich. Erst im Herbst 1957 trat sie in die entscheidende Phase. Schwerins Fall war im PGA stark umstritten. Zwischenzeitlich wurde er sogar durch eine Sperrminorität abgelehnt. Dem ehemaligen General wurden insbesondere seine vorzeitige Kapitulation in Italien sowie Konflikte mit Vorgesetzten in der Kriegszeit und eine Schuldenaffäre aus den 1920er-Jahren vorgeworfen.[46] Nun zeigte sich, dass Schwerin seinen Chancen auf eine Wiederverwendung in der Bundeswehr falsch eingeschätzt hatte.

Die sich neu bildende institutionelle Sphäre der jungen Bundesrepublik, die die Auswahl der zukünftigen Bundeswehrgenerale beeinflusste, forderte unauffällige Konsenskandidaten, die weder als überzeugte Nationalsozialisten noch als Abweichler oder gar Widerständler aufgefallen waren. Dass Schwerin sich in

---

[44] Vgl. ebd., S. 423-441.
[45] Schreiben Schwerin an Heck, 23.8.1953, IfZ ED 337/27.
[46] Vgl. Quadflieg, Graf von Schwerin, 2014 (wie Anm. 1), S. 452-476.

der ersten Hälfte der 1950er-Jahre als entschiedener Reformer in der Wiederbewaffnungsdebatte exponiert hatte, schadete ihm nun. Die verfügbaren Quellen zeigen, dass Graf von Schwerins positive Prüfung durch den PGA nur auf einem „Kuhhandel" zwischen rivalisierenden Gruppen des Gremiums zurückzuführen ist: Die Zustimmung zu seiner Kandidatur wurde gegen die Zustimmung zu einem anderen umstrittenen General – Siegfried Westphal – „getauscht". Doch die Befürwortung durch den PGA war ein Pyrrhussieg. Im April 1958 wurde Schwerin durch Verteidigungsminister Franz Josef Strauß mitgeteilt, dass seine Bewerbung nicht berücksichtigt werden könne, offiziell wegen fehlender Planstellen.[47]

Schwerin musste 1958 seine beruflichen Zukunftsaussichten neu bewerten und Entscheidungen treffen. Er engagierte sich in der Folge primär als Rüstungsberater für die Firma Breda, deren Bonner Büro er bis 1969 leitete. Die Quellen lassen aber keinen Zweifel daran, dass er diesen alternativen Karriereweg, trotz zwischenzeitlich gutem Verdienst, als erzwungen empfand. Jederzeit wäre er bereit gewesen auf ein höheres Gehalt zu verzichten, um nur wieder Soldat werden zu können.

Das zeigt exemplarisch eine Episode aus dem November 1958, als sich der zwielichtige „Gesandte a.D." Fritz Grobba bei Schwerin meldete.[48] Grobba, den Schwerin vorher nicht kannte, unterbreitete den Vorschlag, für ein voraussichtliches Monatsgehalt von 2.000 US-Dollar „Berater für Operationen und für taktische Fragen" einer „arabischen Regierung" zu werden.[49] Schwerin antworte so-

---

[47] Vgl. Quadflieg, Graf von Schwerin, 2014 (wie Anm. 1), S. 452-476.
[48] Bei Grobba handelte es sich um einen, 1886 als Arthur Brorg geborenen Ex-Diplomaten, der seit den 1920er-Jahren für das AA im Nahen Osten tätig gewesen war. Im „Dritten Reich" war Grobba Gesandter in Bagdad gewesen und hatte eine arabische Kurzfassung von Hitlers „Mein Kampf" verfasst. Auch war er für die ersten diplomatischen Kontakte zwischen dem „Großdeutschen Reich" und Saudi-Arabien verantwortlich gewesen. Im Zweiten Weltkrieg war er Mittelsmann zwischen NS-Deutschland und den englandfeindlichen Aufständischen im Irak und antifranzösischen Kräften in Syrien und im Libanon. Später bekleidete er die Funktion eines „Bevollmächtigten des Auswärtigen Amtes für die arabischen Länder" im AA, wurde jedoch nach internen Querelen in die Archiv-Abteilung abgeschoben. Nach zehnjähriger sowjetischer Kriegsgefangenschaft, ließ sich Grobba 1957 schließlich in Bonn-Bad Godesberg nieder, wo er versuchte seine früheren Kontakte in den Nahen Osten zu Geld zu machen. Vgl. Grobbas Autobiographie: Grobba, Fritz, Männer und Mächte im Orient. 25 Jahre diplomatischer Tätigkeit im Orient, Göttingen 1967; zu seiner Tätigkeit im Nahen Osten vgl. Mallmann, Klaus-Michael/Cüppers, Martin, Halbmond und Hakenkreuz, Das „Dritte Reich", die Araber und Palästina, Darmstadt 2006.
[49] Schreiben Grobba an Graf von Schwerin, 18.11.1958, IfZ ED 337/54.

fort, dass er im „Grundsatz interessiert" sei, da er sowohl den nordafrikanischen Kriegsschauplatz kenne als auch fließend englisch und französisch spreche. Der ehemalige General war also bereit, für ein undurchsichtiges Stellenangebot im militärischen Bereich seine bisherige Tätigkeit als Industrieberater aufzugeben. Ein Kündigungsrecht wollte Schwerin sich aber für den Fall vorbehalten, dass seine „Wiederverwendung beim Aufbau der deutschen Streitkräfte" beabsichtigt würde.[50]

Schwerins sehnlichster beruflicher Wunsch blieb also die Einstellung in die Bundeswehr. Zwar zog er eine Beschäftigung im Militär einer fremden Macht seiner zivilen Lobbytätigkeit für ein Rüstungsunternehmen vor; bei einem Angebot der Bundeswehr konnte ihn jedoch selbst das angebotene stattliche Einkommen nicht locken.[51] Grobbas Vorschlag zerschlug sich wenig später. Er teilte Schwein mit, dass die „Saudisch-arabischen [sic!] Regierung" – erst jetzt erfuhr der General a.D. um welche „arabische Regierung" es sich handelte – nun doch keine deutschen Militärberater einstellen wolle.[52]

ZUSAMMENFASSUNG

Die voranstehenden Betrachtungen zu Schwerins beruflichen Entscheidungssituationen in den 1950er-Jahren haben gezeigt, dass eine Bewertung der richtungsweisenden Entscheidungen des Protagonisten in dieser Schlüsselphase seiner Nachkriegskarriere nur unter Abwägung unterschiedlicher Einflussfaktoren möglich ist, die sich zum Teil in der Person Schwerins, zum Teil aber auch in von ihm nicht beeinflussbaren Rahmenbedingungen niederschlugen. Es konnte gezeigt werden, dass Gerhard Graf von Schwerin in einer Zeit des beruflichen

---

[50] So wies er in seiner Antwort darauf hin, dass er einen Vertrag mit der italienischen Rüstungsfirma Breda habe, der dann gelöst werden müsse. Seine Zusage war allerdings von der „Zustimmung der deutschen Bundesregierung abhängig", da er in keinem Fall bereit war, einem Staat zu dienen, der sich gegebenenfalls aggressiv gegen die NATO verhalten würde. Sollte ein solcher Konfliktfall eintreten, verlangte Schwerin jederzeit die Möglichkeit zu haben, den Vertrag mit der arabischen Regierung zu lösen. Gleiches Vgl. Schreiben Graf von Schwerin an Grobba, Entwurf, 24.11.1958, IfZ ED 337/54.
[51] Man bedenke, dass ein Monatseinkommen von 2.000 Dollar im Jahr 1958 mehr als 8.000 DM entsprochen hätte. Ein Generalmajor in der Besoldungsstufe B6 erhielt im selben Jahr 2.340 DM plus Ortszuschlag. Vgl. Anlage I zum Bundesbesoldungsgesetz vom 27.7.1957, in: Bundesgesetzblatt Teil I, Nr. 39 (1957), S. 1017. In heutiger (2015) Kaufkraft würden 8.000 DM von 1958 etwa 17.000 Euro entsprechen.
[52] Vgl. Schreiben Grobba an Schwerin, 27.12.1957, IfZ ED 337/54.

Umbruchs und der großen Unsicherheit hinsichtlich seiner Zukunft Erwartungen in Bezug auf seine zukünftige Karriere bildete vor dem Hintergrund seiner beruflichen Erfahrungen seit 1914. Nach seiner Entlassung durch Konrad Adenauer standen ihm grundsätzlich unterschiedliche weitere Berufswege offen. Beispielsweise hätte er versuchen können, an seine zivile kaufmännische Arbeit der ersten Nachkriegsjahre anzuknüpfen. Stattdessen entschied sich Schwerin, an der Hoffnung auf eine neuerliche militärische Karriere festzuhalten. Dabei zeigte er in der Bewertung der institutionellen Rahmenbedingungen, insbesondere auch bei der adäquaten Einschätzung der Wirkmächtigkeit von Konkurrenznetzwerken, große Schwächen. Ursächlich hierfür waren neben Informationsdefiziten auf Seiten Schwerins seine einseitige militärische Sozialisation mit einer Idealisierung von kameradschaftlicher Loyalität sowie sein impulsives, auf situative Reaktion und weniger auf strategische Positionierung orientiertes, Wesen. Persönliche Eigenschaften also, die bereits Schwerins Vorgesetzter Schack 1944 beschrieben hatte.

Mit den genannten und weiteren Beispielen aus der Karriere Schwerins nach 1945 konnte im Rahmen des Dissertationsprojekts die Bedeutung von individuellen Qualifikationsmustern und durch Referenzrahmen determinierte mentale Restriktionen in Entscheidungssituationen aufgezeigt werden. Gleichzeitig konnten weitere Erklärungen für Schwerins Karriereverlauf durch die Betonung von Netzwerkbeziehungen sowie erfahrungs- und erwartungsbedingten Handlungsmaximen angeboten werden. Die so gewonnene mehrschichtige Erklärung für sein berufliches Scheitern in den unterschiedlichen Wirkungsfeldern bietet sich dabei als mögliches Muster für eine größere Zahl von Fällen an, in denen ehemalige Spitzenmilitärs der Wehrmacht keinen beruflichen Anschluss in der Bundesrepublik mehr finden konnten. Auf jeden Fall wäre es spannend den Einzelfall Gerhard Graf von Schwerin mit weiteren gescheiterten, ehemals hochrangigen, Soldaten zu vergleichen.

Der Fokus auf die Querverbindungen zwischen Schwerins unterschiedlichen Tätigkeitsfeldern in der Nachkriegszeit belegt die Relevanz individueller grundsätzlicher Weichenstellungen in exogen hervorgerufenen Bruchsituationen für langfristige Karriereerfolge. Zudem wird die zentrale Rolle von Kontaktnetzwerken in der Zugangsphase zu neuen Tätigkeitsfeldern in institutionellen Übergangsprozessen herausgestellt.

Für den Erfolg einer solchen Analyse ist neben einer breiten Quellengrundlage ein belastbarer methodischer Unterbau, wie im Abschnitt 3 skizziert wurde, hilfreich. Durch die Verbindung unterschiedlicher Modelle, die auf der individuellen und kollektiven Ebene ansetzen, konnte der Komplexität der umfassenden Darstellung einer vielschichtigen Berufskarriere Rechnung getragen werden. Dass Modelle durch ihren Abstraktionsanspruch in ihrer Aussagekraft beschränkt bleiben, zumal sich die zu untersuchenden Entscheidungsprozesse im Kopf des Akteurs stets nur mittelbar und lückenhaft in den Quellen – also primär in der schriftlichen Kommunikation mit anderen Akteuren – niederschlagen, ist selbstverständlich. Wird von einer Biographie jedoch mehr als die möglichst spannende Narration einer Lebensgeschichte erwartet, hilft eine multiperspektivische methodische Fundierung, indem sie „Leitplanken" in die Darstellung einzieht, um so ein Ausufern der Erzählung und ein Abdriften in pseudopsychologische Erklärungsmuster zu verhindern.

Person(en) und Konzeption(en) – Biografische Forschung im Kontext ideen- und wirkungsgeschichtlicher Fragestellungen am Beispiel der Industrieschulbewegung

Peter Karl Becker

I

All das, was wir heute noch mit dem Begriff „Schule" verbinden – den jahrgangsweisen Unterricht im Klassenverband, die Lehrerrolle oder ganz schlicht: Tafel und Kreide – wird in der zweiten Hälfte des 18. Jahrhunderts grundgelegt. Dabei sind es zwei Hauptströmungen der pädagogischen Bewegung, die in konkurrierenden Konzepten versuchen, Eingang in das Schulwesen zu finden.

Davon, dass der Neuhumanismus, der auf eine allgemeine, zweckfreie Bildung aufbaut, sich schließlich (politisch gewollt) durchsetzen sollte, konnte um 1780 herum noch kein Wissen sein. Der Aufklärungspädagogik, als zweites Konzept – die auf einer systematischen Verbindung von allgemeinbildenden und berufsbezogenen, besser vorberuflichen Unterrichtsinhalten aufbaut – schließlich entstammt die hier betrachtete Industrieschule, die dem heutigen Leser begrifflich womöglich etwas anderes impliziert, als ursprünglich mit ihr verbunden wurde.[1] Eng mit der Konzeption selbst sind Personen verbunden, die, teils in theoretischer Weise, teils in praktischer Anwendung, diese Schulform zu einer, wenn auch nur kurzen, Blüte brachten.

Nun, nach zweieinhalb Jahrhunderten, scheint es lohnenswert, nicht nur Personen und Konzeptionen dieser Zeit zu betrachten, sondern vielmehr dazu auch Forschungsansätze zu verwenden, die versuchen, konzeptionelle Ansätze mit biografischen zu verbinden, um so den Zusammenhang von Person und Konzeption, und umgekehrt, aufzuzeigen.

Gehen wir also auf eine Reise in die Geschichte der Pädagogik und untersuchen genauer, wie die Idee an sich beides – Person und Konzeption – miteinander verbindet.

---

[1] „Industria" versteht sich hier im ursprünglichen Wortsinn als „Fleiß, Regsamkeit, etc.".

II

Im Zentrum der Betrachtung steht Melchior Ludolf Herold, ein Geistlicher im Herzogtum Westfalen[2] in der zweiten Hälfte des 18. Jahrhunderts. Hier eine biografische Notiz:

Melchior Ludolphus Henricus Herold[3] wird am 10. Dezember 1753 in Rüthen[4] geboren und zwei Tage später in der dortigen St.-Nikolaus-Kirche getauft[5]. Sein Vater, Caspar Adam, ist Legaladvokat, seine Mutter, Casparina Sperber, die Tochter eines angesehenen Rüthener Senators und entstammt der weitverzweigten Familie Orth ab Hagen.[6] Melchior ist das dritte von insgesamt sieben Geschwistern, die aus den beiden Ehen seines Vaters hervorgehen.[7] Nach Schulbildung in Rüthen und Geseke wechselt er 1768 an das Montanergymnasium in Köln und von 1772-75 studiert er Theologie und Philosophie am Norbertinerseminar Steinfeld. 1775 schließlich wechselt er an das erzbischöfliche Seminar in Köln, wo er 1776 zum Priester geweiht wird.[8] Seine erste Stelle führt ihn zurück in seine Vaterstadt. In Rüthen wird er 1776 Vikar der Drei-Königs-Vikarie[9], bevor er 1778 als Hauskaplan an das Münstersche Damenstift Langenhorst berufen wird[10].

---

[2] Siehe dazu: Klueting, Harm, Das Herzogtum Westfalen, Bd. 1, Das kurkölnische Herzogtum Westfalen von den Anfängen der kölnischen Herrschaft im südlichen Westfalen bis zur Säkularisation 1803, Münster 2009.
[3] Siehe zu Melchior Ludolf Herold ausführlich: Becker, Peter Karl, „Allerbester Melchior!" – Melchior Ludolf Herold – Initiator der Industrieschulbewegung im Herzogtum Westfalen, Paderborn 2011, S. 37-151, auch: Schmeck, Anton, Melchior Ludolf Herold – Zum 100. Todestage des bekannten Gesangbuchverfassers, in: Westfälisches Magazin, Nr. 11, Jg. 2 (1910), S. 113-128.
[4] Siehe dazu z. B.: Bockhorst, Wolfgang/Maron, Wolfgang (Hg.), Geschichte der Stadt Rüthen, Paderborn 2000.
[5] Pfarrarchiv Rüthen, St. Johannes und St. Nikolaus, Kirchenbücher St. Nikolaus, Bd. 5, S. 291.
[6] Siehe dazu ausführlich: Boley, Karl, Stifter und Stiftung Orth ab Hagen, Köln 1978.
[7] Siehe: Michels, Karl, Aus Herolds Stammbaum, in: Heimatblätter für den Kreis Lippstadt, Nr. 15, Jg. 34, (1953).
[8] Schmeck, 1910 (wie Anm. 3), S. 114.
[9] Pfarrarchiv Rüthen, Kirchenbücher St. Johannes und St. Nikolaus.
[10] Bistumsarchiv Münster: „Adreß-Calender des Hochstiftes Münster für das Jahr nach der Gnadenreichen Geburt unsers Herrn Jesu Christi 1780, hg. v. Friedrich Wilhelm Coppenrath, Hof Fourier", Münster 1780, S. 86.

Abbildung 1: Melchior Ludolf Herold (1753-1810), Stich nach einem heute verschollenen Gemälde aus dem „Lithographischen Institut von Bernhard Kehse & Sohn, Magdeburg", um 1840
Quelle: Stadtarchiv Dortmund, Signatur Q 646.

Nach seiner Ernennung zum Pfarrer des Kirchspiels Hoinkhausen[11], geht er 1780[12] wieder zurück in das Haar-Dekanat.[13] Dies soll seine Lebensstellung werden, die er bis zu seinem Tod am 31. August 1810[14] inne hat.

Dieser, bis hierher eher gewöhnliche Lebenslauf eines Landgeistlichen in einem geistlichen Staat[15], weist noch nicht auf den Bereich hin, der sein Wirken nachhaltig beeinflussen soll: die Neuorganisation des Schulwesens im speziellen und mit ihr die generelle Ausrichtung der Pädagogik.

Gleich nach seinem Amtsantritt beginnt Herold die Pfarrei Hoinkhausen seelsorgerisch und ökonomisch zu reorganisieren. Der junge Pfarrer saniert nicht nur die Finanzen; er baut den Pfarrhof um, legt neue Gärten an und gibt der Landwirtschaft im gesamten Kirchspiel neue Impulse. Brachliegende Pfründe werden reaktiviert, neue Gebäude und neue Seelsorgestellen geschaffen.[16] 1784 nimmt er sein erstes großes Projekt in Angriff: die Neustrukturierung des Schulwesens.[17] Er hebt die bis dahin übliche Koedukation auf, stellt auf eigene Kosten für die Mädchen eine Lehrerin ein und erwirkt beim Erzbischof in Köln, dass er die Pfründe der Kreuzvikarie für Schulzwecke nutzen und den Kreuzvikar zum Schuldienst einstellen darf. Dieser unterrichtet, neben Herold selbst, die Knaben aus Hoinkhausen, Westereiden und Weikede, den Orten, die zu dieser Zeit neben Oestereiden noch zu Herolds Kirchspiel gehören.[18] Finanziell getragen wird dies alles von der 1788 ins Leben gerufenen Schul- und Armenstiftung „Franz von Sales", die er mit eigenen Mitteln ausstattet und die in dieser Form bis 1939 besteht.[19] 1785 führt er eine neue Schulform und ein neues Unterrichts-

---

[11] Siehe dazu: Schlootkötter, Heinrich/Hültenschmidt, Wilhelm, Geschichte des Kirchspiels Hoinkhausen, Lippstadt o. J. (1956).
[12] Pfarrarchiv Hoinkhausen, Kirchenbücher, Bd. 4, S. 39.
[13] Seibertz, Johann Suitbert, Westfälische Beiträge zur deutschen Geschichte, Bd. 1, Darmstadt 1823, S. 281.
[14] Pfarrarchiv Hoinkhausen, Kirchenbücher, Bd. 5, S. 499.
[15] Siehe dazu grundlegend: Moraw, Peter, Geistliche Fürstentümer, in: Theologische Realenzyklopädie, Bd. 11, S. 711, weiter zum Herzogtum Westfalen: Klueting, Harm, Das kurkölnische Herzogtum Westfalen – ein geistliches Territorium und sein Ende als Folge der Säkularisation von 1803, in: Vom Kurkölnischen Krummstab über den Hessischen Löwen zum Preußischen Adler, Arnsberg 2003, S. 14-25.
[16] Siehe dazu: Becker, 2011 (wie Anm. 3), S. 67-87.
[17] Siehe dazu: Becker, 2011 (wie Anm. 3), S. 102-119.
[18] Pfarrarchiv Hoinkhausen, Streckmappe 13, Varia I.
[19] Pfarrarchiv Hoinkhausen, Streckmappe 8, Stiftung Herold, auch: Staatsarchiv Münster, Herzogtum Westfalen, Landesarchiv, A 1608.

konzept erstmalig im Herzogtum Westfalen ein[20], die sich didaktisch und methodisch von der bis dahin üblichen Form von Schule und Unterricht grundlegend unterscheiden: Industrieschule und Normallehrart.[21] Die Industrieschule stellt wohl die erste systematische Verbindung von allgemeinbildenden und berufsbezogenen bzw. besser vorberuflichen Unterrichtsinhalten dar.[22] Ihre Idee ist es, ökonomische Verhaltensweisen in einen pädagogischen Raum zu übertragen und diese dort zu unterrichten. Die Normallehrart ist es, die, auf einer einheitlich organisierten Lehrerausbildung aufbauend, Unterricht strategisch planbar und durch ihr standardisierendes Moment auch übertragbar macht. Die Folgen sind, neben der Einteilung in Klassen und dem Gebrauch einheitlicher Lehr- und Lernmaterialien, vor allem eine einheitliche Lehrerausbildung und ein einheitlicher Lehrplan. Alles das, was heute mit dem Begriff der Schule in Verbindung gebracht wird, findet hier erstmalig Grundlegung und Anwendung. So kann im gesamten Herzogtum Westfalen ab 1797 ein Schulmodell durchgesetzt werden, das, auf Grundlage von Industrieschulkonzeption und Normallehrart, Mustercharakter erhält.[23] Nicht zuletzt gelingt Melchior Ludolf Herold dies in Zusammenarbeit mit dem benachbarten Rüthener Pfarrer und Normalschullehrer Friedrich Adolf Sauer (1765-1839)[24]. Allerdings ist es der langsame Niedergang der geistlichen Territorien in der Zeit nach der Französischen Revolution, die damit verbundene Instabilität gesellschaftlicher und staatlicher Ordnung, sowie schließlich die Aufhebung der Kirchenstaaten, 1803, die diese Bestrebungen in frühem Stadium erstarren lassen. Der säkulare

---

[20] Siehe dazu ausführlich: Lamers, Johannes, Die Industrieschulen des Herzogtums Westfalen um die Wende des achtzehnten Jahrhunderts in ihrer geschichtlichen Entwicklung und Bedeutung, Diss. phil., Paderborn 1918.
[21] Siehe dazu: Staatsarchiv Münster, Herzogtum Westfalen, Landesarchiv, A 1604, auch: Becker, 2011 (wie Anm. 3), S. 198-209.
[22] Siehe dazu z. B.: Zabeck, Jürgen, Geschichte der Berufserziehung und ihrer Theorie, Paderborn 2009, insbesondere S. 163ff.
[23] Siehe dazu: Niedieck, Josef, Das Erziehungs- und Bildungswesen unter dem letztregierenden Kurfürsten von Köln, Maximilian Franz 1784-1801, im Erzstift Köln und Vest Recklinghausen, Köln 1910, auch: Meister, Aloys, Das Herzogtum Westfalen in der letzten Zeit der kurkölnischen Herrschaft, in: Westfälische Zeitung, Bd. 65 I, S. 228ff.
[24] Siehe dazu: Becker, Peter Karl, Friedrich Adolph Sauer (1765-1839) – Zwischen Aufklärung, Säkularisierung und Restauration, in: Funder, Achim (Hg.), „… eine hochansehnliche Pfarrei…" 150 Jahre Propstei St. Laurentius Arnsberg 1859-2009 in Lebensbildern ihrer Pfarrer und Pröpste, Arnsberg 2009, S. 25-36, zu Sauers Schul- und Unterrichtskonzept: Sauer, Friedrich Adolph, Begriff der Normallehrart, mit Anwendung auf alle Fächer in Elementarschulen, Arnsberg 1800, ders., Die Industrie-Schulen im Herzogthume Westfalen, in: Germanien und Europa, erster Band, erstes Heft, Giessen 1812.

Staat setzt auf andere Größen, die nicht mehr mit den Grundlagen der Aufklärungspädagogik vereinbar sind. Nichtsdestotrotz sind es 1813 noch über zweihundert Schulen, die nach Industrieschulkonzept und Normallehrart unterrichten.[25]

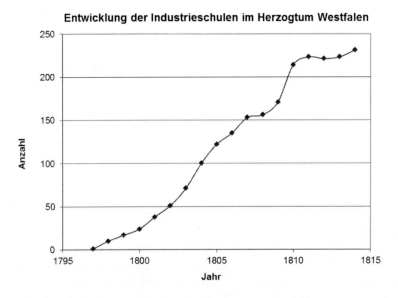

Abbildung 2: Entwicklung der Industrieschulen im Herzogtum Westfalen

Ein Blick auf die von ihm selbst gestaltete Lagekarte seines Kirchspiels verrät schnell, dass sich Herold nicht in einer Metropolregion, nicht im Zentrum von Lehre, Forschung und Wissenschaft befindet, sondern weit abseits seine pädagogischen Versuche durchführt, in einem im wahrsten Sinne des Wortes ländlichen Raum. Spätestens hier muss sich die Frage stellen, woher er diese Konzepte kennt, wie seine Kommunikationswege[26] verlaufen und wie er die Ideen seiner Zeit auf seinen Wirkungsbereich, sein Kirchspiel, projiziert. Die zu dieser Zeit entstehenden Industrieschulen – in diesem Begriff vereinigen sich

---

[25] Siehe dazu Abbildung 2.
[26] Siehe dazu allgemein: Würgler, Andreas, Medien in der frühen Neuzeit, in: Gall, Lothar (Hg.) et al., Enzyklopädie deutscher Geschichte, Bd. 85, München 2009, zu Melchior Ludolf Herold: Becker, 2011 (wie Anm. 3), S. 43-67.

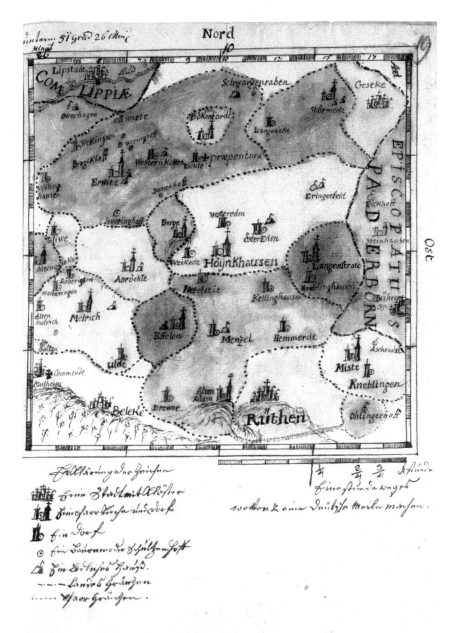

Abbildung 3: Von Herold angefertigte Landkarte aus dem Pfarrarchiv Hoinkhausen
Quelle: Streckmappe 8, Stiftung Herold.

Schulform und Unterrichtskonzept aber auch allgemeine Lebensauffassung[27] – sind Ausprägung einer Ideen- und Wirkungsgeschichte[28], die ihren Weg, von den Niederlanden[29] ausgehend, über England[30] und Norddeutschland[31], bis hin nach Österreich und Böhmen nimmt, um schließlich in einem ländlichen Kirchspiel eine erste lokale Konkretisierung im Herzogtum Westfalen zu erfahren. Schon hier zeigt sich, dass Herold nur im Austausch mit weiteren Personen ein Schulkonzept entwerfen kann, das über eine mikrohistorische Konkretisierung hinaus, auf eine frühe Schulentwicklung auf europäischer Ebene verweist.[32] Doch wer sind die weiteren Protagonisten in dieser Entwicklung? Wer beschäftigt sich noch mit der Industrieschule? Oder sind es vielleicht einfach die Ideen der Aufklärung, die hier Niederschlag und Ausprägung zugleich finden? Hier ist Zeit und Gelegenheit, Person(en) und Konzeption(en), wie eingangs angedeutet, im Sinne der Forschung zu verbinden, um diese Personen schließlich über den Gegenstand der Konzeption auch biografisch näher zu verorten:

"Doch draußen auf dem Lande war es noch finster und der Industrie muss unstreitig ein verhältnismäßiges Licht vorausgehen."[33]

---

[27] Siehe dazu: König, Michael, Der industriöse Mensch, Frankfurt am Main 1984.
[28] Siehe dazu: Marquardt, Wolfgang, Geschichte und Strukturanalyse der Industrieschule. Arbeitserziehung, Industrieunterricht, Kinderarbeit in niederen Schulen (ca. 1770-1850/70), Diss. phil., Hannover 1975.
[29] Siehe dazu: Brödel, Hermann, Die Arbeits- und Industrieschulen vor Ferdinand Kindermann, in: Zeitschrift für Geschichte der Erziehung und des Unterrichts, Jg. 21 (1931), S. 308 ff., Jg. 22 (1932), S. 35ff.
[30] Siehe dazu: Brödel, Hermann, Die Entstehung des Industrieschulgedankens in England im 17. Jahrhundert, in: Zeitschrift für Handelsschulpädagogik (1929), S. 110ff., auch ders., Industrieschulen in England um 1730, in: Die Deutsche Berufsschule, Jg. 20 (1930), S. 417ff.
[31] Siehe dazu: Kaiser, Franz-Josef, Arbeitslehre. Materialien zu einer didaktischen Theorie der vorberuflichen Erziehung, Bad Heilbrunn 1971, auch: Brödel, Hermann, Braunschweigische Industrieschulpläne um 1750, in: Zeitschrift für Handelsschulpädagogik (1931), S. 245ff.
[32] Siehe dazu: Zymek, Bernd, Nationale und internationale Standardisierungsprozesse in der Bildungsgeschichte. Das deutsche Beispiel, in: Tenorth, Heinz-Elmar et al. (Hg.), Jahrbuch für Historische Bildungsforschung, Bd. 13, Bad Heilbrunn 2007, S. 307ff.
[33] Kindermann Ritter von Schulstein, Ferdinand, Kurze Beschreibung von der Entstehung- und Verbreitungsart der Industrialklassen in Böhmen, Prag 1787, handschriftlich lagernd im: Staatsarchiv Münster, Herzogtum Westfalen, Landesarchiv, A 1470.

Abbildung 4: Ferdinand Kindermann Ritter von Schulstein, Lithographie von Friedrich Dewerth
Quelle: Österreichische Nationalbibliothek Wien.

So beschreibt Ferdinand Kindermann Ritter von Schulstein (1740-1801)[34] kurz und prägnant die Schulsituation in Böhmen in der zweiten Hälfte des 18. Jahrhunderts und verweist gleichzeitig auf das Zeitalter der Aufklärung, das in der Rezeption der Nachwelt das „Pädagogische"[35] sein wird. Als Teilbereich dieser Aufklärung und ihrer Pädagogik zeigt sich die Industrieschulbewegung, auf die er mit dem uns heute in anderem Zusammenhang und unter anderen Vorzeichen stehenden Terminus der ‚Industrie' Bezug nimmt. Dies alles verweist in Richtung eines didaktisch-methodischen Konzepts, bei dem erstmalig in der Geschichte ökonomisch geprägte Unterrichtsinhalte, als eigenständiger Bereich einer neuen Schulform, pädagogisch-konzeptionell zusammengeführt und praxisorientiert vermittelt werden. Dabei ist zu beachten, dass diese Bestrebungen vor dem Hintergrund einer geänderten Staatsauffassung, und auch eines sich von denen voriger Jahrhunderte weitgehend differenzierenden Staatsziels, initiiert werden. Es sind diese Ziele, im aristotelischen Sinn, vorrangig autarkia und eudaimonia, eben nichts anderes als Bedürfnislosigkeit bzw. Unabhängigkeit und im Schluss Glückseligkeit. So verwundert es kaum, dass auch die Staatswissenschaften zu dieser Zeit sich dieser Sichtweise unterordnen und Bildung und Erziehung als grundlegend für einen funktionierenden und sich entwickelnden Staat ansehen:

> „Ein Staat also, in dem, mittelst einer weisen Erziehung, jeder Bürger in seinen allgemeinen, und in den besondern Pflichten seines Berufs, unterrichtet, und dieselben, mit Fertigkeit und aus Antrieb zur Tugend auszuüben, angewöhnt wird, ist unfehlbar, und unabhängig, von allem was zufällig ist, ein glückseliger Staat."[36]

Sicherlich basiert die Industrieschule auf diesen Annahmen und nur unter diesen Bedingungen erhellt sich, warum sich Idee und Konzept so rasant verbreiten. Kindermann greift die Idee des glückseligen Staats auf und integriert diese in ein sich entwickelndes Schulsystem:

---

[34] Siehe weiter: Winter, Eduard, Ferdinand Kindermann, Ritter von Schulstein (1740-1801) der Organisator der Volksschule und Volkswohlfahrt Böhmens, in: Hirsch, Hans (Hg.), Ostmitteldeutsche Bücherei, Arbeiten zur Landes- und Kulturgeschichte der Sudetenländer und der angrenzenden Gebiete, Augsburg 1926, weiterhin: ders., Der Josefinismus und seine Geschichte, Brünn 1943.
[35] Tenorth, Heinz-Elmar, Geschichte der Erziehung – Einführung in die Grundzüge ihrer neuzeitlichen Entwicklung, Weinheim und München 1988, S. 73.
[36] Seibt, Karl Heinrich Ritter von, Vom Einflusse der Erziehung auf die Glückseligkeit des Staats, Prag 1771, S. 8, neu eingerichtet unter www.goethezeitportal.de.

„Da die Jugend in der Schule sich den Verstand über manche ökonomische und Industrialgegenstände geöffnet hatte, und sie nach der Schulzeit gleich mit Hand anlegen musste, gewöhnte sie sich nach und nach an diese Arbeit, und der Industriegeist ward rege, bildete sich durch die Übung und durch die anschaulichen Vortheile, die daraus entstanden, immer mehr, bis er durch eine ununterbrochene Übung national wurde."[37]

Ferdinand Kindermann baut sein Schulkonzept formal auf einer Schulordnung auf, die Maria Theresia für ihre Erblande 1774 erlassen hat.[38] Diese wiederum ist das Werk Johann Ignaz von Felbigers (1724-88)[39], der als Bildungsreformer das österreichische Schulwesen nachhaltig beeinflusst. Felbiger, Kindermann, Herold und Sauer stehen also in einer Linie der Entwicklung einer Industrieschulkonzeption, die sowohl über den Gegenstand, als auch über die Personen selbst, einen biografischen Forschungsansatz beschreibt, dessen Annahmen weit über das für gewöhnlich biografisch gehaltene hinausreichen:

Es sind Netzwerke, die sich vordergründig über das Konzept erklären lassen, beim zweiten Blick aber viel tiefer reichen, betrachtet man nur den Umstand, dass alle vier Pädagogen katholisch und geistlichen Standes sind. Diese Konstellation darf nicht zu gering bewertet werden, entwickelt sich doch parallel eine protestantisch dominierte, eigene Linie der Industrieschulbewegung im Norden Deutschlands, die zwar, auch auf den Annahmen von Aufklärung und Aufklärungspädagogik aufbauend, eine zweckbestimmte Form von Bildung propagiert, vor diesem Hintergrund jedoch, in einer anderen theologischen Tradition stehend, eigene Konzepte entwickelt. Wiederum sind es auch hier vier Pädagogen geistlichen Standes, die sich über den Gegenstand verorten lassen und ein weiteres eigenes Netzwerk bilden. Auch und vor allem aus Sicht biografischer Forschung zeigen sich diese nicht minder interessant. Heinrich Philipp Sextro (1746-1836)[40], Joachim Heinrich Campe (1746-1818)[41], Arnold Wagemann

---

[37] Kindermann, 1792, zitiert nach: Winter, 1926 (wie Anm. 34), S. 182-183.
[38] Weiss, Anton (Hg.), Die allgemeine Schulordnung der Kaiserin Maria Theresia (1774) und J. J. Felbigers Forderungen an Schulmeister und Lehrer, in: Richter, Albert (Hg.), Neudrucke pädagogischer Schriften, Bd. XV, Leipzig 1896.
[39] Siehe dazu ausführlich: Krömer, Ulrich, Johann Ignaz von Felbiger – Leben und Werk, in: Arnold, Franz Xaver (Hg.), Untersuchungen zur Theologie der Seelsorge, Bd. XXII, Freiburg 1966.
[40] Siehe dazu: Rupstein, Friedrich, Dr. Heinrich Philipp Sextro – Eine Gedächtnisschrift, Hannover 1839, auch: Heydorn, Heinz-Joachim/Koneffke, Gernot (Hg.), Paedagogica – Kritisch eingeleitete unveränderte Neudrucke historischer pädagogischer Werke mit pragmati-

(1756-1834)⁴² und Carl Ludolf Lachmann (1756-1823)⁴³ sind allesamt Zeitgenossen, sie entwickeln in ihren jeweiligen Arbeiten ein Schulkonzept, das, im Gegensatz zur „katholischen" Variante, durchgehend den konkreten Nutzen, das heißt den ökonomischen Aspekt einer Schule in den Vordergrund rückt.

Die Arbeiten von Sextro⁴⁴, Campe⁴⁵, Wagemann⁴⁶ und Lachmann⁴⁷ bilden nicht nur zeitlich eine Reihe, sie zeigen auch eine Entwicklung auf, die die Zeit gesellschaftlicher und politischer Umbrüche innerhalb kürzester Zeit in sich aufnimmt. Vielleicht lassen sich all diese Überlegungen vor der Frage betrachten, „ob und inwiefern bei der Erziehung die Vollkommenheit des einzelnen Menschen seiner Brauchbarkeit aufzuopfern sei."⁴⁸ Oder auch und nicht weniger stellt sich die Frage nach „Bildung und Brauchbarkeit"⁴⁹. Denn eines deutet sich schon zu dieser Zeit an: das konkurrierende und sich schließlich, politisch gewollt, durchsetzende Konzept einer zweckfreien Bildung, wie sie die Pädagogen

---

scher Bibliografie, Quellenschriften zur Industrieschulbewegung, Bd. I, Frankfurt am Main 1968.
⁴¹ Siehe dazu: Leyser, Joachim, Joachim Heinrich Campe, ein Lebensbild aus dem Zeitalter der Aufklärung, 2 Bände, 1877, auch: Heydorn, Heinz-Joachim/Koneffke, Gernot (Hg.), Paedagogica – Kritisch eingeleitete unveränderte Neudrucke historischer pädagogischer Werke mit pragmatischer Bibliografie, Quellenschriften zur Industrieschulbewegung, Bd. II, Frankfurt 1969.
⁴² Siehe dazu: Heydorn, Heinz-Joachim/Koneffke, Gernot (Hg.), Paedagogica – Kritisch eingeleitete unveränderte Neudrucke historischer pädagogischer Werke mit pragmatischer Bibliografie, Quellenschriften zur Industrieschulbewegung, Bd. IV, Glashütten/Taunus 1971.
⁴³ Siehe dazu: Heydorn, Heinz-Joachim/Koneffke, Gernot (Hg.), Paedagogica – Kritisch eingeleitete unveränderte Neudrucke historischer pädagogischer Werke mit pragmatischer Bibliografie, Quellenschriften zur Industrieschulbewegung, Bd. III, Glashütten/Taunus 1973.
⁴⁴ Sextro, Heinrich Philipp, Über die Bildung der Jugend zur Industrie, Göttingen 1785.
⁴⁵ Campe, Joachim Heinrich, Über einige verkannte wenigstens ungenützte Mittel zur Beförderung der Industrie, der Bevölkerung und des öffentlichen Wohlstandes – In zwei Fragmenten, Wolfenbüttel 1786.
⁴⁶ Wagemann, Arnold, Über die Bildung des Volkes zur Industrie, Göttingen 1791.
⁴⁷ Lachmann, Carl Ludolf Friedrich, Das Industrieschulwesen, ein wesentliches und erreichbares Bedürfnis aller Bürger- und Landschulen, Braunschweig und Helmstedt 1802.
⁴⁸ Villaume, Peter, Ob und inwiefern bei der Erziehung die Vollkommenheit des einzelnen Menschen seiner Brauchbarkeit aufzuopfern sei?, in: Campe, Joachim Heinrich (Hg.), Allgemeine Revision des gesamten Schul- und Erziehungswesens von einer Gesellschaft praktischer Erzieher, Hamburg, Wien, Wolfenbüttel und Braunschweig 1785, Bd. III. Neudruck in: Blankertz, Herwig (Hg.), Bildung und Brauchbarkeit – Texte von Joachim Heinrich Campe und Peter Villaume zur Theorie utilitärer Erziehung, Braunschweig 1965, S. 69-142. Zu Peter Villaume siehe ausführlich: Wothge, Rosemarie, Ein vergessener Pädagoge der Aufklärung – Peter Villaume, in: Wissenschaftliche Zeitschrift der Martin-Luther-Universität Halle-Wittenberg, Jg. 6 (1956/57).
⁴⁹ Blankertz, 1965 (wie Anm. 48).

neuhumanistischer Prägung fordern. Die Aufklärungspädagogik dagegen verfolgt andere Ziele, wenn die Frage unter den Industriepädagogen diskutiert wird, in welchem Grad der Einzelne bereit ist, die eigene „Vollkommenheit und Glückseligkeit"[50] unter dem Zwang der Notwendigkeit dem „Dienste der Menschheit"[51] hintanzustellen. Der Vergleich mit Wegen und Zielen heutiger Bildungspolitik mag da nahe liegen.

Darüber hinaus lassen sich anhand dieser beiden Industrieschulkonzeptionen auch konfessionell-regionale Unterschiede ausmachen: Hat die südlichere, katholische Variante der Industrieschule, z. B. in der böhmischen Ausprägung eines Ferdinand Kindermann, eine durchweg pragmatische Struktur, so zeigen ihre norddeutschen, protestantischen Vertreter ihr Modell vordergründig theoretisch auf. Weiterhin, und das wiegt im Sinne der Aufklärungspädagogik ungleich schwerer, ist zu hinterfragen, „ob man Weltbürger oder nur Bürger eines bestimmten Standes bilden muss"[52] und ob und in welchem Maß „Berufsbildung und Utilitarismus"[53] miteinander in Einklang zu bringen sind. Doch wie geht die Wissenschaft mit dieser engen Verbindung von Person(en) und Konzeption(en) um, wie wird die Konzeption durch die Person und wie die Person durch die Konzeption? – Eine Möglichkeit der Kombination von Forschungsmethoden:

III

Dieses Beispiel verdeutlicht, wie biografische Forschung im Kontext ideen- und wirkungsgeschichtlicher Fragestellungen versucht, auf dem Hintergrund individueller Lebenswege, Netzwerke aufzuzeigen, die ihren Zusammenhang über eine Idee und ein daraus resultierendes Konzept definieren. Hier liegt ihr gemeinsames und verbindendes Moment zugleich. Leitende Fragestellungen sind in diesem Zusammenhang: Wer sind die Personen, denen es erstmalig in der Geschichte zu gelingen scheint, Schule und Wirtschaft konzeptionell zu verbinden? Und wie muss dieses Konzept beschaffen sein, um pädagogische und ökonomische Interessen so zu steuern, dass weder das eine noch das andere dominiert

---

[50] Villaume, 1785, in: Blankertz, 1965, S. 71 (wie Anm. 48).
[51] Ebd.
[52] Villaume, 1785, zitiert nach Blankertz, 1965, S. 71 (wie Anm. 48).
[53] Blankertz, Herwig, Berufsbildung und Utilitarismus – Problemgeschichtliche Untersuchungen, Düsseldorf 1963, Neudruck München 1985.

und dadurch ein Ungleichgewicht entsteht, das dieses Konzept in der Praxis an seinen eigenen Annahmen scheitern lassen könnte?

Genau diesen Fragestellungen geht die vorliegende Forschung nach. Auf Grundlage dieser, von ihrer Art her individuellen, genealogisch-biografischen Forschung, wird in einem weiteren Schritt, mit Hilfe prosopografischer Methoden, versucht, eine erste Typisierung vorzunehmen. Die Kombination dieser Ansätze ermöglicht es schließlich, ideen- und wirkungsgeschichtlich relevante Begriffe wie Institution, Organisation und Standard näher zu untersuchen und über den Gegenstand der Konzeption in die Forschung einzuführen. Und spätestens hier zeigt sich die hohe Relevanz moderner biografischer Forschung, die über das rein Biografische hinaus geht und mit Hilfe derer, vorrangig Denkmuster und Handlungen historischer Akteure näher zu untersuchen sind. Person(en) und Konzeption(en) finden in diesem Methodenkanon schließlich ihr verbindendes Moment und lassen sich, im Beispiel, unter dem Begriff der „Industriosität", zusammen führen.

Weiterhin zeigt sich schon im mikrohistorisch angelegten Zugang zum Thema ‚Industrieschule' eine enge Verbindung verschiedener Forschungsmethoden. Der überschaubare Raum eines ländlichen Kirchspiels im späten 18. Jahrhundert ist geeignet, verschiedenste Ausprägungen gesellschaftlicher Handlungsmuster und Verhaltensweisen, aber auch sich abzeichnender Veränderungen in Form von Megatrends abzubilden. Dieser Ansatz scheint, sowohl aus Sicht des biografisch Forschenden, wie auch aus konzeptioneller Forschungsperspektive, übertragbar. So sind es immer wiederkehrende Konstellationen von Forschungsfeldern, die auf erhöhte Komplexität der Thematik verweisen und schnell deutlich werden lassen, dass feldinterne Forschung oft zu kurz greift und interdisziplinäre Vorgehensweisen nötig werden. Im vorliegenden Beispiel sind es politische und gesellschaftliche, aber auch ökonomische und pädagogische Einflussfaktoren die hier zusammenspielen. Wohl erstmalig in der Geschichte stellt sich eine Verschränkung von Bildung und Wirtschaft vor dem Hintergrund von Gesellschaft und Politik so intensiv dar und fordert gleichsam ein logisches Verhältnis dieser Größen zueinander.[54] Dieses logische Verhältnis wird von Akteuren im Prozess gesteuert, die wiederum als historische Akteure in ihren Denkmustern

---

[54] Siehe dazu: Lundgreen, Peter, Historische Bildungsforschung, in: Rürup, Reinhard (Hg.), Historische Sozialwissenschaft, Göttingen 1977.

und Handlungen in den Fokus des Forschenden rücken.⁵⁵ In diesem Zusammenhang sind es Formen biografischer Forschung, die Wege in weitere Forschungsbereiche eröffnen und so grundlegend wirken können. Ausgangspunkt kann also sein, einen historischen Akteur biografisch in Form einer genealogisch angelegten Quellenforschung zu erfassen – das ist nichts Neues. Darüber hinaus ist es von Interesse, in einem zweiten Schritt vor dem Hintergrund eines historischen Betrachtungshorizonts, das mittelbare und unmittelbare Umfeld näher zu beleuchten. Dies geschieht insbesondere dadurch, dass man dieses Umfeld möglichst selbst zu Wort kommen lässt, um diese Gesellschaft, bar möglicher verzerrender Rezeption der Nachwelt, in ihren Lebensumständen zeigen zu können. In diesem Kontext dann positionieren sich historischer Akteur und Umwelt. Wir sehen also auf der einen Seite einen Akteur, der, aufgrund seiner Verhaltens- und Handlungsmuster, auf einen bestimmten Lebensstil schließen lässt. Auf der anderen Seite steht seine mittelbare und unmittelbare Umgebung, die sich in ihren Individuen zwar als Anzahl von Lebensstilen darstellen lässt, im Schluss sich aber die aufzuzeigenden gemeinsamen Merkmale dahingehend kanalisieren, dass von einem Milieu gesprochen werden kann. In der Interaktion von Akteur und Umwelt finden Milieu und Lebensstil ihr verbindendes Moment und beeinflussen dadurch gegenseitig ihr Handeln.⁵⁶ Diese Mikrogeschichte ermöglicht es, zum Beispiel anhand von Egodokumenten⁵⁷, „nicht Details im Ganzen, sondern Details des Ganzen zu erfassen und an kleinen Räumen und Einheiten, [...] das Ineinandergreifen verschiedener und umfassender Wirklichkeitsbereiche, [...] aufzuzeigen, die makroanalytisch überhaupt nicht fassbar sind."⁵⁸ Wie eng diese Verbindung von Lebensstil und Milieu korrespondiert, kann in der Folge dann auf verschiedenen Ebenen gezeigt werden.

Da diese Ebenen in der Regel über einen mikrohistorischen Zugang hinausweisen, ist es hier an der Zeit, biografische und konzeptionelle Forschung in Zusammenhang zu bringen und vor diesem Hintergrund nach der Idee zu fragen. Diese Idee kann wiederum verbindendes Moment sein, indem Personen ihren

---

⁵⁵ Siehe dazu: Priem, Karin, Strukturen – Begriffe – Akteure? Tendenzen der Historischen Bildungsforschung, in: Tenorth, Heinz-Elmar et al. (Hg.), Jahrbuch für Historische Bildungsforschung, Bd. 12, Bad Heilbrunn 2006, S. 351ff.
⁵⁶ Siehe dazu: Zerger, Frithjof, Klassen, Milieus und Individualisierung – Eine empirische Untersuchung zum Umbruch der Sozialstruktur, Frankfurt/New York 2000.
⁵⁷ Siehe dazu: Schulze, Winfried, Ego-Dokumente: Annäherung an den Menschen in der Geschichte?, in: Schulze, Winfried (Hg.), Selbstzeugnisse der Neuzeit, Berlin 1996.
⁵⁸ Dülmen, 2000, S 47, zitiert nach: Priem, 2006 (wie Anm. 55), S. 366.

Standpunkt zur Idee in ihrem Werk verdeutlichen und so ein Netzwerk von Impulsgebern entsteht, das um die Idee an sich einen Prozess in Gang setzt und in der Lage ist, theoretische Grundlegung und praktische Anwendung zu verbinden und weiter zu entwickeln. Die Folge sind Standardisierungen im Konzept, aber auch Institutionalisierung und Organisation. Dies mag auf den ersten Blick wirken, als träte die Person hinter Idee und Konzeption zurück – doch das ist nur vordergründig, denn so wie der Akteur die Konzeption beeinflusst, so beeinflusst auch die Konzeption den Akteur. Die in diesem Diskurs angelegte Interaktion von Rezeption und Wirkung ist geeignet ein Spannungsfeld aufzubauen, um beide Teile sich in einer Konkretisierung, sprich in ihrem jeweiligen Werk, zu vereinigen.[59]

Was Grenzen und Gefahren einer solchen Kombination von Forschungsansätzen angeht, so sind diese sicherlich vorhanden. Die Induktion, als Ausgangspunkt der Forschung, sollte nicht Gefahr laufen, in einen Induktivismus zu verfallen umso aus einer bloßen Ansammlung verschiedener Person-Konzeption-Verhältnisse, womöglich summarisch, Schlüsse zu ziehen. Vielmehr sollte ein Forschungsstrang entstehen, der durch Vergleichen und Abwägen von Gemeinsamkeiten und Unterschieden eine Linie darstellt, die die Idee als verbindendes Moment in den Fokus rückt.

Eine weitere Gefahr, die gleichzeitig auch Grenzen aufzeigt, liegt wohl in der Übertragung von Konzepten, bzw. der Interpretation ihrer Initiatoren durch nachfolgende Generationen. Konkret am Beispiel haftend, hat sich der Marxismus-Leninismus die Industrieschule zur Legitimation seiner polytechnischen Bildung angeeignet.[60] Personen und Konzeptionen wurden ideologisiert und somit ihrem eigenen, ursprünglichen Gedanken- und Handlungskreis entzogen. Begriffe wurden anders verwendet, in einen anderen Zusammenhang gebracht oder schlichtweg im Sinne der Ideologie umgedeutet. Die Idee, Bildung und Beruf, aber auch Schule und Wirtschaft miteinander zu verbinden, wurde dem Pro-

---

[59] Siehe dazu z. B.: Jauss, Hans Robert, Die Theorie der Rezeption – Rückschau auf ihre unerkannte Vorgeschichte, Konstanz 1987, auch: ders., Wege des Verstehens, München 1994, weiter: ders., Probleme des Verstehens, Stuttgart 1999.
[60] Siehe dazu z. B.: Dietrich, Theo, Sozialistische Bildung – Ideologie ohne Wirklichkeit, Bad Heilbrunn 1966, auch: Kaiser, Franz-Josef, Arbeitslehre. Materialien zu einer didaktischen Theorie der vorberuflichen Erziehung, Bad Heilbrunn 1971, weiter: ders., Fehlentwicklungen der ökonomischen Bildung in Deutschland aus historischer Sicht im Kontext der Arbeitslehrer-Diskussion, in: Ökonomische Bildung – legitimiert, etabliert, zukunftsfähig, Bad Heilbrunn 2007.

duktivitätsgedanken der sozialistischen Gesellschaft und der zwangsläufig damit verbundenen Planwirtschaft (Zentralverwaltungswirtschaft, Kommandowirtschaft o. ä.) geopfert. Die Gefahr also besteht in der Verschiebung der Gleichgewichte ebenso, wie in der Umdeutung der Begriffe zu Gunsten einer Ideologie, von deren Existenz die Personen, weder als Idee noch als Konzeption, eine Ahnung haben konnten. Bildung ist immer – auch – ein politisches und heute mehr denn je auch ein ökonomisches Thema, dessen Relevanz und Bedeutung sich Politik und Wirtschaft nur allzu gern zunutze machen.

Zusammenfassend ist es also der sozialgeschichtlich geprägte mikrohistorische Zugang, die Untersuchung kleiner überschaubarer Räume und der darin handelnden Akteure in all ihrer Komplexität, die den weiteren Weg in eine ideengeschichtliche Forschung eröffnen können. Formen biografischer Forschung sind es also, auch heute noch, die grundlegend und wegweisend zugleich sind. Sie sind in der Lage, über Idee und Konzeption, übergeordnete Kriterien zu operationalisieren, ihre gegenseitige Beeinflussung und Durchdringung zu erforschen und so „die innere Verknüpfung zwischen lokalen Erscheinungen und globalen Zusammenhängen"[61] aufzuzeigen. Schließlich ist es dann, wie so oft, die persönliche Sicht des Betrachters auf Person(en) und Konzeption(en) und nicht zuletzt auf die dahinterstehende(n) Idee(n), die den Fokus auf weitere, als die hier aufgeworfenen Fragen lenken und die dadurch ein stark implizites Moment zu entfalten vermögen. Erst dadurch bleibt Geschichte nicht in Historie stecken, sondern sie verlangt wieder mehr: Nämlich die Aneignung von Vergangenheit und Erinnerung genauso, wie Verbürgung von Identität und vielleicht, und nicht zuletzt, auch ein Stück weit Erkenntnis.

---

[61] Kocka, Jürgen, Historische Sozialwissenschaft, in: Busch, Friedrich W./Havekost, Hermann (Hg.), Oldenburger Universitätsreden, Vorträge – Ansprachen – Aufsätze, Nr. 107, Oldenburg 1999, S. 27.

Die Wehrmachtjustiz und ihre Richter: Kollektivbiografie und NS-Täterforschung

Claudia Bade

EINE EINLEITUNG VON UND MIT ERICH SCHWINGE

Der Rechtsprofessor, Gesetzeskommentator und ehemalige Heeresrichter Erich Schwinge formulierte in seiner 1988 erschienenen, apologetischen Publikation „Verfälschung und Wahrheit" folgende Zeilen:

> „Unter den etwa 2000 Wehrmachtrichtern, insbesondere denen der Reserve, gab es natürlich eine Anzahl, die nationalsozialistischer Gesinnung waren und es nicht verhehlten, sie waren aber eine kleine Minderheit. [...] Maßgeblich für die Atmosphäre innerhalb der Wehrmachtjustiz waren und blieben immer die, die den Wechsel zu ihr vollzogen hatten, um in einen partei- und politikfernen Bereich zu kommen, und das waren die meisten. Ihr Einfluss ging aber dahin, die richterliche Arbeit gegen politische Einwirkung und politischen Druck nach Möglichkeit abzuschotten."[1]

Erich Schwinge war politisch eher dem nationalkonservativen Lager zuzuordnen, er war kein überzeugter Nationalsozialist.[2] Dennoch stutzt man bei diesen Zeilen, wenn man sich einmal mit der Urteilsbilanz der Wehrmachtjustiz beschäftigt hat. Die Forschung geht mittlerweile davon aus, dass es ca. 3000 Wehrmachtrichter gegeben hat, nicht 2000, wie Schwinge hier nahelegte. Unabhängig davon ist zu konstatieren, dass offensichtlich eine große Lücke zwischen dem Selbstbild der damaligen Akteure und dem heutigen Stand der Forschung über die Institution Wehrmachtjustiz und insbesondere ihrer erschreckenden Urteilsbilanz klafft. Es ist davon auszugehen, dass es bis zum Ende des Krieges ca. 1000 Kriegsgerichte gegeben hat, an denen während des Krieges ca. 2,5 Millionen kriegsgerichtliche Verfahren verhandelt wurden. Diese führten zu knapp einer Million Urteilen. Von diesen Urteilen waren ungefähr 30.000 Todesurteile

---
[1] Schwinge, Erich, Verfälschung und Wahrheit. Das Bild der Wehrmachtgerichtsbarkeit, Tübingen 1988, S.59.
[2] Vgl. dazu Garbe, Detlef, Der Marburger Militärjurist Prof. Erich Schwinge. Kommentator, Vollstrecker und Apologet nationalsozialistischen Kriegsrechtes, in: Kirschner, Albrecht (Hg.), Deserteure, Wehrkraftzersetzer und ihre Richter, Marburger Zwischenbilanz zur NS-Militärjustiz vor und nach 1945, Marburg 2010, S. 109-130.

gegen Wehrmachtangehörige, von denen ca. 20.000 vollstreckt wurden. Damit hat die Wehrmachtjustiz in ihrer Gesamtheit mehr Todesurteile gefällt als die gesamte restliche NS-Justiz zusammen (einschließlich der Sondergerichte und des Volksgerichtshofes). Bedenkt man zusätzlich noch, dass die Kriegsrichter nicht nur für die Strafjustiz an eigenen Soldaten, sondern auch an ausländischen Widerstandskämpfern in den von der Wehrmacht besetzten Ländern zuständig waren,[3] ergibt sich, dass die Wehrmachtjuristen den nationalsozialistischen Zielen des Vernichtungskrieges dienten und ihnen erheblichen Vorschub leisteten. Dies gilt insbesondere deshalb, weil es vielfach Militärjuristen waren, die an höchster Stelle, z.B. im Oberkommando der Wehrmacht (OKW), die Ausarbeitung von Gesetzestexten und verbrecherischen Befehlen zu verantworten hatten, die den Zweiten Weltkrieg als einen Eroberungs- und Vernichtungskrieg konturierten. Dazu gehörten Befehle, die bei bestimmten Tatbeständen die Strafverfolgung außer Kraft setzten, wie der Kriegsgerichtsbarkeitserlass, der es ermöglichte, Straf- und Gewalttaten von Soldaten gegen Zivilisten *nicht* gerichtlich zu ahnden. Im Prozess gegen das OKW, dem letzten der Nürnberger Nachfolgeprozesse, wurde genau dafür der höchste deutsche Militärrichter Rudolf Lehmann (Leiter der Rechtsabteilung OKW) 1948 zu sieben Jahren Haft verurteilt.[4]

So fragt man sich, wie Erich Schwinge lange Zeit unwidersprochen behaupten konnte, dass es sich bei der Wehrmachtjustiz um einen „partei- und politikfernen Bereich" gehandelt habe, und inwiefern sich die Richterschaft der Wehrmacht dafür einsetzte, ihre Urteilstätigkeit „gegen politische Einwirkung und politischen Druck nach Möglichkeit abzuschotten". An den genannten Zahlen zu den geführten Prozessen und den Urteilen zumindest ist dies nicht zu erkennen. Aus der Diskrepanz zwischen Schwinges Aussagen und der tatsächlichen Urteilspraxis lässt sich bereits eine wichtige Fragestellung ableiten: Wie ist es möglich gewesen, dass eine Gruppe von Juristen, von denen wohl ein Großteil weder weltanschaulich noch generationell viel mit anderen Tätergruppen wie den Angehörigen des Reichssicherheitshauptamtes gemein hatte, ausgerechnet diese erschreckende Urteilsbilanz zu verantworten hatte?

---

[3] Vgl. zur europäischen Dimension der Wehrmachtjustiz Bade, Claudia/Skowronski, Lars/Viebig, Michael (Hg.), NS-Militärjustiz im Zweiten Weltkrieg. Disziplinierungs- und Repressionsinstrument in europäischer Dimension, Göttingen 2015.
[4] Vgl. Haase, Norbert, Generaloberstabsrichter Dr. Rudolf Lehmann, in: Ueberschär, Gerd R. (Hg.), Hitlers militärische Elite, Bd. 1, Darmstadt 1998, S. 154-161.

NS-TÄTERFORSCHUNG UND KOLLEKTIVBIOGRAFIEN

Die so genannte Täterforschung ist mittlerweile sehr ausdifferenziert, daher möchte ich hier einen knappen Überblick über diese Forschungsrichtung geben und dabei auch die Verwendung biografischer Ansätze mit berücksichtigen.[5] Gerhard Paul konstatierte 2002, dass die Zeitgeschichtsforschung dieses Thema lange vernachlässigt habe.[6] Er unterscheidet dabei im Wesentlichen vier Phasen des Täterdiskurses: So sei in den 1950er Jahren das Bild entstanden, dass die Täter der Shoah entweder „dämonische Führungspersonen" oder aber „kriminelle Exzesstäter" gewesen seien. Dies diente seiner Analyse nach der Distanzgewinnung von den Tätern. Mit der strukturgeschichtlichen Wende in den 1970er Jahren „verschwanden" die Akteure fast vollständig. Die technische Rationalität des Mordens wurde betont; die Täter galten manchmal nur noch als Befehlsempfänger. Doch diese Sicht diente nach Paul ebenfalls der Distanzierung. Erst in den 1990er Jahren wurde das bisherige, strenge Deutungsschema durch die kollektivbiografischen Untersuchungen von Browning und Goldhagen durchbrochen – so verschieden ihre Schlussfolgerungen auch waren.[7] Diese Studien leiteten einen Paradigmenwechsel in der Täterforschung ein: die Rückgewinnung der Dimension des Subjekts. Seit den 2000er Jahren schließlich wurde die Forschung und mit ihr die Täterbilder differenzierter, weil quellengesättigter. Seither sind zahlreiche individual- und gruppenbiografische Studien erschienen.[8] Maßstäbe in methodischer und theoretischer Hinsicht und zugleich in Bezug auf die Generationenklassifikation setzte Ulrich Herberts Studie zu Werner Best.[9] Außerdem differenzierte sich die Forschung auch aus: Es erschienen nicht nur

---

[5] Dieser Aufsatz beruht auf meinem Vortrag zur Tagung „Zwischen Narration und Methode: Neue Impulse in der historischen Biographieforschung" (Aachen, Dezember 2011), und wurde für die Veröffentlichung leicht überarbeitet und aktualisiert.

[6] Paul, Gerhard, Von Psychopathen, Technokraten des Terrors und „ganz gewöhnlichen" Deutschen. Die Täter der Shoah im Spiegel der Forschung; in: Paul, Gerhard (Hg.), Die Täter der Shoah, Fanatische Nationalsozialisten oder ganz normale Deutsche?, Göttingen 2002, S. 13-90, hier S. 17.

[7] Browning, Christopher, Ganz normale Männer. Das Reserve-Polizeibataillon 101 und die „Endlösung" in Polen, Reinbek 1993 und Goldhagen, Daniel Jonah, Hitlers willige Vollstrecker. Ganz gewöhnliche Deutsche und der Holocaust, Berlin 1996.

[8] Als Beispiele seien genannt Orth, Karin, Die Konzentrationslager-SS. Sozialstrukturelle Analysen und biografische Studien, Göttingen 2000 und Stelbrink, Wolfgang, Die Kreisleiter der NSDAP in Westfalen und Lippe. Versuch einer Kollektivbiografie mit biografischem Anhang, Münster 2003.

[9] Herbert, Ulrich, Best. Biographische Studien über Radikalismus, Weltanschauung und Vernunft, 1903-1989, Bonn 1996.

Forschungen zu den Tätergruppen in SS und Gestapo, sondern ebenso zu den „Direkttätern", den KZ-Aufseherinnen oder den Akteuren der Zivilverwaltungen.[10] Mittlerweile sind auch Kollektivbiografien und Studien mit kollektivbiografischen Anteilen zur Geschichte der Wehrmacht erschienen, nachdem seit den 1990er Jahren die Beteiligung der Wehrmacht an den Judenmorden und anderen Verbrechen stärker in den Fokus gerückt war. Die Bandbreite der Forschung geht dabei von den Wehrmachtskommandeuren über die Mannschaftsdienstgrade, bis hin zur Untersuchung einer ganzen Division, oder auch gleich mehrerer Divisionen.[11] Dadurch konnte beispielhaft gezeigt werden, was Einzelne oder Gruppen von Wehrmachtangehörigen von den Verbrechen wussten und inwieweit sie daran beteiligt waren.

In den hier aufgezählten Untersuchungen geht es zumeist um die Täter der Shoah. Dies liegt vermutlich darin begründet, dass ein Großteil der NS-Forschung darauf fokussiert ist, die Hintergründe des größten Menschheitsverbrechens zu beleuchten. Gleichwohl ist es erstaunlich, dass diejenigen Täter, die für die Justizmorde der NS-Zeit verantwortlich waren, bislang kaum systematisch untersucht worden sind. Weder in dem Standardwerk von Lothar Gruchmann zur Justiz im „Dritten Reich",[12] noch bei den zahlreichen Forschungen zum Volksgerichtshof und den Sondergerichten wurden die Akteure dieser Justizverbrechen systematisch und kritisch näher beleuchtet. Gleiches gilt für die Wehrmachtjustiz: In der voluminösen Gesamtschau zur Wehrmachtjustiz, die der langjährige wissenschaftliche Leiter des Militärgeschichtlichen Forschungsamtes der Bundeswehr und Nestor der kritischen Militärgeschichtsschreibung Manfred Messerschmidt vorgelegt hat, gibt es ganze acht Seiten, auf denen etwas über den Aufbau des Richterkorps und somit über die Täter zu lesen ist.[13] Allerdings

---

[10] Beispielhaft seien genannt Erpel, Simone (Hg.), Im Gefolge der SS. Aufseherinnen des Frauen-KZ Ravensbrück, Berlin 2007 und Roth, Markus, Herrenmenschen. Die deutschen Kreishauptleute im besetzten Polen – Karrierewege, Herrschaftspraxis und Nachgeschichte, Göttingen 2009.
[11] Hürter, Johannes, Hitlers Heerführer. Die deutschen Oberbefehlshaber im Krieg gegen die Sowjetunion 1941/42, München 2006. Rass, Christoph, „Menschenmaterial". Deutsche Soldaten an der Ostfront. Innenansichten einer Infanteriedivision 1939-1945, Paderborn 2003. Hartmann, Christian, Wehrmacht im Ostkrieg. Front und militärisches Hinterland 1941/42, München 2009.
[12] Gruchmann, Lothar, Justiz im Dritten Reich 1933-1940. Anpassung und Unterwerfung in der Ära Gürtner, München 2001.
[13] Messerschmidt, Manfred, Die Wehrmachtjustiz 1933-1945, Paderborn 2005, S. 47-49 und S. 81-85.

findet sich in einer der Publikationen des großen Forschungsprojektes der Hamburger Justizbehörde zur NS-Justiz ein instruktiver kollektivbiografischer Beitrag zur Geschichte der Hamburger NS-Juristen.[14] Dieser untersucht die Sozialstruktur, die politischen Bindungen sowie die personelle Entwicklung und die Karriereverläufe der Hamburger Richter und Staatsanwälte nach 1933. Ähnliches unternahm der Rechtssoziologe Hubert Rottleuthner in seiner Untersuchung zu den Karrieren deutscher Justizjuristen mit einem explizit sozialwissenschaftlichen Ansatz.[15] Entsprechendes lässt sich auch in einer 2011 erschienenen Dissertation zu den Oberlandesgerichtspräsidenten im Nationalsozialismus finden.[16] Kollektivbiografische Ansätze zu NS-Juristen spielen in einigen Publikationen zur westdeutschen Justiz in der Nachkriegszeit zwar eine wichtige Rolle, allerdings ohne dass dabei die juristische Praxis dieser Personengruppe während des NS-Regimes systematisch untersucht worden wäre.[17] Diese Ansätze geben einen wichtigen Einblick in den personellen Aufbau und die strukturellen Abläufe der NS-Justiz, auch in einige Handlungsspielräume der Akteure sowie vor allem in den Aufbau der Nachkriegsjustiz. Demzufolge haben die Studien wichtige Erkenntnisse zur NS-Belastung zahlreicher Juristen hervorgebracht. Doch einen systematischen Einblick in die tatsächliche Urteilspraxis von Justizjuristen, oder, allgemeiner gesprochen in die Handlungspraxis und möglicherweise die Handlungsmotivationen dieser Akteure gelänge erst – sofern die Quellenlage es zulässt – mit einem systematischen Abgleich der per-

---

[14] Stein-Stegemann, Hans-Konrad, In der „Rechtsabteilung" des „Unrechts-Staates". Richter und Staatsanwälte in Hamburg 1933-1945, in: Justizbehörde Hamburg (Hg.), „Für Führer, Volk und Vaterland...", Hamburger Justiz im Nationalsozialismus, Hamburg 1992, S. 146-215.

[15] Rottleuthner, Hubert, Karrieren und Kontinuitäten deutscher Justizjuristen vor und nach 1945 (Justizforschung und Rechtssoziologie, 9), Berlin 2010.

[16] Köckritz, Moritz von, Die deutschen Oberlandesgerichtspräsidenten im Nationalsozialismus (1933-1945), Frankfurt/M. 2011.

[17] Zumeist werden zwar einige Urteile einzelner Richter aufgeführt, um deren NS-Belastung zu zeigen, aber dies geschieht nicht unter kollektivbiografischen Fragestellungen; die Verfahrensunterlagen werden – sofern sie überhaupt vorhanden sind – nicht systematisch mit soziologischen Erkenntnissen beispielsweise zur Generationszugehörigkeit der Juristen oder mit einer Analyse der Handlungsmotivationen verbunden. Als Beispiele seien angeführt: Godau-Schüttke, Klaus-Detlev, Ich habe nur dem Recht gedient. Die „Renazifizierung" der schleswig-holsteinischen Justiz nach 1945, Baden-Baden 1993. Miquel, Marc von, Ahnden oder amnestieren? Westdeutsche Justiz und Vergangenheitspolitik in den sechziger Jahren (Beiträge zur Geschichte des 20. Jahrhunderts), Göttingen 2004. Boss, Sonja, Unverdienter Ruhestand. Die personalpolitische Bereinigung belasteter NS-Juristen in der westdeutschen Justiz, Berlin 2008.

sonenbezogenen Unterlagen juristischer Akteure mit der in den Verfahrensakten aus der NS-Zeit überlieferten Spruchpraxis. In jüngster Zeit hat sich diesbezüglich jedoch einiges getan, etwa durch die Publikationen von Barbara Manthe und Maximilian Becker.[18] Bis vor kurzem waren kollektivbiografische Ansätze auch für die Historiografie der Wehrmachtjustiz noch ein Desiderat[19], doch hat jüngst Kerstin Theis ihre umfassende Studie zu den Militärgerichten des Ersatzheeres mit zahlreichen Erkenntnissen zu gruppenbiografischen Merkmalen der Wehrmachtrichter angereichert.[20]

Hier setzt auch mein Forschungsprojekt an, dessen Ziel es war, die Biografien von Wehrmachtrichtern und die Urteilspraxis dieser Richter empirisch und analytisch zusammenzubringen, und auf diese Weise auch ein Gesamtbild des Richterkollektivs der Wehrmacht herauszuarbeiten.[21] Die Untersuchung ist dabei explizit als Teil der Täterforschung mit einem erweiterten Täter- bzw. Akteursbegriff zu verstehen,[22] soll zugleich aber ein weiteres Mosaiksteinchen zur Erforschung der Funktionsweisen und der Wirkung der Wehrmachtjustiz als Ganzes sein. Letztlich dienen ja individual- wie gruppenbiografische Ansätze unter anderem dazu, die Frage nach den Wurzeln politischen Handelns zu beantworten und dabei die Funktionsweisen eines politischen, bürokratischen oder eben juris-

---

[18] Vgl. Manthe, Barbara, Richter in der nationalsozialistischen Kriegsgesellschaft. Beruflicher und privater Alltag von Richtern des Oberlandesgerichtsbezirks Köln, 1939–1945, Tübingen 2013 und Becker, Maximilian, Mitstreiter im Volkstumskampf. Deutsche Justiz in den eingegliederten Ostgebieten 1939-1945, München 2014.
[19] Vgl. Rass, Christoph/Rohrkamp, René, Dramatis Personae. Die Akteure der Wehrmachtjustiz, in: Baumann, Ulrich/Koch, Magnus (Hg.), „Was damals Recht war…", Soldaten und Zivilisten vor Gerichten der Wehrmacht, Berlin 2008, S. 95-112, hier S. 100.
[20] Vgl. Theis, Kerstin, Wehrmachtjustiz an der „Heimatfront". Die Militärgerichte des Ersatzheeres im Zweiten Weltkrieg, Berlin/Boston 2016, hier besonders S. 83-148.
[21] Das am Dresdner Hannah-Arendt-Institut für Totalitarismusforschung e.V. angesiedelte und von 2010 bis 2012 vom Sächsischen Staatsministerium für Wissenschaft und Kunst (SMWK) geförderte Forschungsprojekt „Lebensläufe und Spruchpraxis von Wehrmachtrichtern" führte für den Bereich der Wehrmachtjustiz erstmals auf empirischer Basis Täter-Biografien und die Spruchpraxis in einer kollektivbiografischen Untersuchung zusammen. Grundlage dieser Untersuchung war u.a. eine Datensammlung aus einem ebenfalls vom SMWK geförderten Forschungsprojekt, das es sich zur Aufgabe gemacht hatte, biografische Daten von möglichst vielen Wehrmachtrichtern zu sammeln. Die Publikation der Projektergebnisse steht noch aus.
[22] Vgl. dazu Pieper, Christine/Schmeitzner, Mike, Täter und Akteure im Nationalsozialismus. Ein forschungsgeschichtlicher Überblick, in: Pieper, Christine/Schmeitzner, Mike/Naser, Gerhard (Hg.), Braune Karrieren, Dresdner Täter und Akteure im Nationalsozialismus, Dresden 2012, S. 13-19, hier S. 16.

tischen Apparates aufzudecken und somit historische Erklärungen für gesellschaftliche Entwicklungen zu geben.[23]

DAS FORSCHUNGSDESIGN

Ziel des Projektes ist es, auf empirischer Basis militärgerichtliche Verfahrensakten und Strafsachenlisten zu erschließen und Erkenntnisse über die Richterkollektive und ihre Handlungen an den ausgewählten Gerichten zu erlangen. Dafür stehen neben den Verfahrensakten und Urteilssammlungen grundsätzlich zwei Quellengattungen zur Verfügung: personenbezogene Unterlagen der staatlichen Militärjustizverwaltungen und – allerdings in viel geringerem Umfang – so genannte „Ego"-Dokumente, also von den Akteuren selbst verfasste Autobiografien, Tagebücher, Briefe. Staatliche Personalunterlagen sind sehr gleichförmig aufgebaut und eignen sich daher zur Erfassung der biografischen Grunddaten (Jahrgang, soziale Herkunft, Gang der Ausbildung usw.). Die Geburtsjahrgänge geben Aufschluss über das Alter und die Generationszugehörigkeit der Akteure: Richter, die aktiv als Soldaten am Ersten Weltkrieg teilgenommen hatten, waren mit einem anderen Erfahrungshorizont versehen als Richter, die während des Ersten Weltkrieges noch Kinder oder Jugendliche waren. Wenn man die Generationszugehörigkeit zu der Urteilstätigkeit eines einzelnen Richters oder der Gesamtheit der Richter in Beziehung setzt, lassen sich möglicherweise Aussagen darüber treffen, inwieweit die Kriegserfahrung als Soldat Einfluss auf die richterliche Tätigkeit im Zweiten Weltkrieg hatte.

An der Auflistung der Dienststellen in der Personalakte eines Wehrmachtrichters lässt sich ablesen, wann und wie oft die Richter während des Krieges das Gericht wechselten, bei dem sie eingesetzt waren. Dementsprechend zeigt sich, ob die Richter über Erfahrung mit der Militärjustiz an der Front oder in der „Etappe" verfügten. Ob sie z.B. an einem Gericht des Ersatzheers nahe ihres Heimatortes eingesetzt waren, oder ob sie mit ein- und demselben Divisionsgericht den ganzen Krieg durchlebten, oder auch, ob sie in jedem Quartal an einem anderen Frontabschnitt zu Gericht saßen – all dies hatte möglicherweise Auswirkungen auf ihre Handlungsweisen. Die Mehrzahl der bislang er-

---

[23] So die Definition von Prosopographie in Stone, Laurence, Prosopography, in: Daedalus, Nr. 100 (1971), S. 46-79. Wiedergegeben nach Schröder, W.H., Kollektivbiographie, in: Historical Social Research, Supplement No. 23 (2011), S. 102.

fassten Wehrmachtrichter wechselte während des Krieges recht häufig die Dienststelle, die Fluktuation war mithin beim Personal eines Gerichtes recht stark.[24]

Bei näherer Betrachtung der zweiten genannten Quellengattung, den so genannten „Ego-Dokumenten", zeigt sich ein Quellenproblem. Zum einen sind nur von einer Minderheit der NS-Täter „Ego-Dokumente" zugänglich, zum anderen sind diese besonders in der Täterforschung methodisch nicht unproblematisch. Autobiografien oder Memoiren sind meist im Nachhinein entstanden und spiegeln damit nicht so sehr die dort beschriebenen Ereignisse selbst wider, sondern den eigenen, späteren Blick auf diese Ereignisse. Gerade die autobiografischen Schriften von Erich Schwinge, Hans Filbinger, Ernst Roskothen oder Otfried Keller sind relativ spät und mit einem großen Drang zur Rechtfertigung geschrieben worden und müssen daher immer vor der Folie ihres Entstehungszusammenhangs gelesen werden.[25] Zudem ähneln diese Publikationen, die zum Teil im Selbstverlag erschienen sind, der Veteranenliteratur der 1950er Jahre und sind deshalb aussagekräftiger für die Analyse der Exkulpationsstrategien der Autoren und damit zur Geschichte der Vergangenheitspolitik der Bundesrepublik Deutschland als zum Lebenslauf selbst.[26] Dennoch gehört meines Erachtens diese Quellengattung zu einer kollektivbiografischen Untersuchung hinzu.

In der Datenbank sind mittlerweile über 2000 Wehrmachtrichter verzeichnet, allerdings ist die Überlieferung zu diesen Richtern jeweils sehr unterschiedlich ausgeprägt. Da die Gesamtheit der 3000 Richter für eine ausführliche Auswertung der Spruchtätigkeit zu groß wäre, musste für die Analyse der Gerichtspraxis eine Auswahl an Wehrmachtrichtern getroffen werden.[27] Die Überlieferung

---

[24] Vgl. dazu auch Theis, Wehrmachtjustiz (wie Anm. 20), S. 158-166.
[25] Schwinge, Verfälschung, 1988 (wie Anm. 1). Filbinger, Hans, Die geschmähte Generation, München 1987. Roskothen, Ernst, Groß Paris, Place de la Concorde 1941-1944. Ein Wehrmachtrichter erinnert sich, Bad Dürrheim 1977. Keller, Otfried, Richter und Soldat. Ausschnitte aus einem Leben in bewegter Zeit, Marburg 1989.
[26] Vgl. zu den Autobiographien und Entlastungsstrategien namhafter Wehrmacht-Befehlshaber: Lingen, Kerstin von, Kesselrings letzte Schlacht. Kriegsverbrecherprozesse, Vergangenheitspolitik und Wiederbewaffnung. Der Fall Kesselring (Krieg in der Geschichte, 20) Paderborn 2004 und Wrochem, Oliver von, Erich von Manstein. Vernichtungskrieg und Geschichtspolitik (Krieg in der Geschichte, 27), Paderborn 2006.
[27] Vgl. die Gruppenbiografien von Michael Wildt und Markus Roth. Auch hier wurde jeweils eine Auswahl von Personen aus der Gesamtheit der zu untersuchenden Gruppe ausführlicher betrachtet und analysiert: Wildt, Michael, Generation des Unbedingten. Das Führungskorps

von Akten der Wehrmacht wie auch der Wehrmachtjustiz ist zwar insgesamt recht umfangreich,[28] doch leider regional und lokal sehr unterschiedlich ausgeprägt. Untersucht werden in meiner Studie aus forschungspraktischen Gründen die Gerichtsakten zweier verschiedener Heeresgerichte. Dabei wird die Spruchtätigkeit der Gerichte analysiert und diese mit dem beteiligten Richterkollektiv in Beziehung gesetzt. Diesem Ziel werde ich mich in der Publikation in zwei unterschiedlichen Teilen nähern. In einem Teil möchte ich die situativen Elemente der Gerichtspraxis anhand statistischer Auswertungen zur Deliktstruktur usw. betrachten, in dem anderen Teil soll die Urteilspraxis der Richter mit Hilfe der Urteilsbegründungen auf qualitative Weise analysiert werden. Dabei erhoffe ich mir Erkenntnisse auch über die Handlungsmotivationen der Akteure. Bei den zwei ausgewählten Gerichten handelt es sich um ein Gericht im Hinterland der Front sowie um ein Gericht der Besatzungsverwaltung. Analysiert werden die Akten des Gerichtes des Kommandanten der rückwärtigen Gebiete (Korück) 580 sowie die Akten des Kommandanten von Groß Paris, welches das größte Heeresgericht im besetzten Frankreich war. In die Tätigkeit des letztgenannten Gerichtes und seiner Akteure möchte ich im Folgenden einen Einblick geben und am Ende auf die bereits angerissenen Fragestellungen zurückkommen.[29]

ERSTE EINBLICKE: DAS RICHTER-KOLLEKTIV IN PARIS

Das Gericht des Kommandanten von Groß-Paris bestand aus zwei Abteilungen, den Abteilungen A und B. In den Kriegsstärkenachweisungen von 1941 und 1943 waren 20 Planstellen für höhere Justizbeamte vorgesehen: vier für die Abteilung A, 16 für die Abteilung B, also vier Mal so viele.[30] Die Aufgaben beider Abteilungen waren zunächst relativ klar voneinander getrennt: Während die Abteilung A Vergehen von Wehrmachtangehörigen und dem Gefolge aburteilte, war die Abteilung B für die Bestrafung von Franzosen, ausländischen Zivilisten

---

des Reichssicherheitshauptamtes, Hamburg 2002. Roth, Markus, Herrenmenschen (wie Anm. 10).

[28] Aus der Zentralnachweisstelle (ZNS) gelangten ca. 180.000 Verfahrensakten von Wehrmachtgerichten in den Bestand des Bundesarchivs Militärarchiv Freiburg, die noch nicht vollständig erschlossen worden sind.

[29] Eine weitere erste Analyse der deutschen Wehrmachtrichter in Paris, die ebenfalls aus dem Forschungsprojekt heraus entstand, vgl. Bade, Claudia, Deutsche Militärjuristen in Frankreich: Das Gericht des Kommandanten von Groß-Paris, in: Bade/Skowronski/Viebig (Hg.), NS-Militärjustiz (wie Anm. 3), S. 213-228.

[30] BArch RW 35/273.

und Staatenlosen zuständig. Grob gesagt, entschied die Abteilung A vorwiegend über Eigentumsdelikte und Wirtschaftsvergehen sowie typische Delikte, die nur von Militärangehörigen begangen werden konnten (also z.b. Gehorsamsverweigerung, Misshandlung von Untergebenen, Ungehorsam usw.). Vor allem aber urteilte die Abteilung A über die Entziehungsdelikte „unerlaubte Entfernung" und „Fahnenflucht". In der Abteilung B hingegen überwogen jene Delikte, die vor allem von Landeseinwohnern begangen wurden bzw. auch nur begangen werden konnten: Unerlaubter Waffenbesitz, Nichtablieferung oder Verteilung deutschfeindlicher Flugblätter, Feindbegünstigung, Spionage und „Freischärlerei". Über Fälle mit dem Straftatbestand „Zersetzung der Wehrkraft" – die Angeklagten waren hier zumeist Wehrmachtangehörige – verhandelten beide Abteilungen. Zudem wurden in der zweiten Hälfte der Besatzungszeit größere Verfahren wegen Wirtschaftskriminalität und Korruption von den Richtern der Abteilung B durchgeführt, auch wenn hier die Beschuldigten ebenfalls Deutsche waren. Trotz der Tatsache, dass in der Memoirenliteratur von Akteuren des Pariser Gerichtes oft behauptet wurde, dass in dieser Abteilung ausschließlich „typische Résistance-Fälle" verhandelt wurden, war dies in der Realität – wie die Verfahrensakten zeigen – doch anders.[31] Eine erste statistische Analyse der Strafverfahrenslisten aus dem Jahr 1942 hat gezeigt, dass ca. 50% aller Urteile dieses Gerichtes in beiden Abteilungen zusammen Todesurteile waren.

Es können bislang 78 Heeresrichter nachgewiesen werden, die im Laufe des Krieges einmal in einer der beiden Abteilungen des Pariser Kommandanturgerichtes Dienst taten. Die Dauer ihrer Tätigkeit bei dem Gericht variierte allerdings stark. Während einige Richter lediglich ein paar Wochen zu diesem Gericht kommandiert waren, verbrachten andere einen Großteil der gesamten Besatzungszeit dort. Von diesen 78 Richtern waren nur elf aktive Heeresrichter, von zwölf ist es nicht überliefert, hingegen taten 55 der Pariser Richter als Reserverichter ihren Dienst. Diese 70% hatten also im zivilen Leben einen anderen Beruf. Fast die Hälfte aller je in Paris eingesetzten Richter (45%) arbeitete in der Abteilung B, und urteilte somit überwiegend über die Fälle von Sabotage, Feindbegünstigung und „Freischärlerei".

Interessant ist ein Blick auf die Altersstruktur der in Paris eingesetzten Richter. Von den 78 bislang nachgewiesenen Richtern wurden elf zwischen 1881 und

---

[31] Vgl. Michel, Karl, Der Kriegsrichter von Paris, Wiesbaden 1949, S. 5.

1890 geboren und 34 zwischen 1891 und 1900. Im ersten Jahrzehnt des 20. Jahrhunderts waren hingegen nur wenig mehr als die Hälfte davon, nämlich 19, geboren worden. Drei weitere gehörten zum Jahrgang 1911 und jünger, bei elf Personen ist das Geburtsjahr nicht überliefert. Mehr als die Hälfte aller Richter war also noch im 19. Jahrhundert geboren worden und hatte am Ersten Weltkrieg als Frontsoldat teilgenommen. Ihre juristische Ausbildung hatten diese Männer in der Kaiserzeit oder der Weimarer Republik erhalten, und im Jahr des Einmarsches in Paris waren sie zwischen 40 und 69 Jahre alt. Die Zahl der Juristen der so genannten „Kriegsjugendgeneration", die während des Ersten Weltkrieges Kinder oder Jugendliche gewesen waren, war mit insgesamt 22 wesentlich geringer.

Wie an allen Kriegsgerichten besaßen auch die Richter des Gerichtes der Kommandantur Groß-Paris Handlungsspielräume, die bei der Untersuchung der Urteilsbegründungen erkennbar werden. Bei Desertionen konnten Richter beispielsweise versuchen, die „Fahnenflucht" als „unerlaubte Entfernung" zu deuten, um ein milderes Strafmaß zu erzielen, etwa wenn der Angeklagte seine Uniform nicht abgelegt hatte.[32] Hätte er die Uniform ausgezogen und weggeworfen, hätte das aus der Sicht des Gerichtes darauf hingedeutet, dass er sich der Wehrmacht dauerhaft habe entziehen wollen. Denn „fahnenflüchtig" war nach § 69 Abs. 1 Militärstrafgesetzbuch (MStGB), wer „in der Absicht, sich der Verpflichtung zum Dienst in der Wehrmacht dauernd zu entziehen oder die Auflösung des Dienstverhältnisses zu erreichen, seine Truppe oder Dienststelle verlässt oder ihnen fernbliebt".[33] Kam es aber vor, dass ein Soldat sich in Paris bei einer Frau versteckte, die Prostituierte war, und von ihr Nahrung und Unterkunft erhielt,[34] so konnte das Gericht dies als „Zuhälterei" interpretieren. Da dies verboten war, konnte der Richter somit „nachweisen", dass sich der Soldat nach seiner Flucht „verbrecherisch betätigt" hatte. Dies wirkte sich unmittelbar auf die Strafzumessung aus, denn bei „verbrecherischer Betätigung" konnte das Gericht nach der Hitler-Richtlinie von 1940 ein Todesurteil verhängen,[35] während ansonsten auf

---

[32] Vgl. BArch Pers 15/7558. Das Urteil lautete hier auf 12 Jahre Zuchthaus wegen unerlaubter Entfernung in Tateinheit mit verschiedenen Eigentumsdelikten. Außerdem kam hier allerdings § 4 der VolksschädlingsVO zur Anwendung, was die hohe Zuchthausstrafe für die unerlaubte Entfernung erklärt.
[33] MStGB vom 10. Oktober 1940, § 69 Abs. 1, RGBl. I, S. 1347ff., hier S. 1353.
[34] Vgl. beispielsweise BArch Pers 15/7500.
[35] Richtlinien des Führers und Obersten Befehlshabers der Wehrmacht für die Strafzumessung bei Fahnenflucht vom 14. April 1940: „(...) Die Todesstrafe ist im Allgemeinen angebracht

„lebenslanges oder zeitiges Zuchthaus" erkannt werden konnte.[36] Es lag also auch im Ermessen des Richters, wie er den Tathergang interpretierte und den Strafrahmen ausschöpfte.

Auch bei der Anwendung der „Volksschädlingsverordnung" als Strafschärfung (§ 4 VVO) existierten unterschiedliche Möglichkeiten, ein Strafmaß zu wählen. Es heißt in dieser Verordnung: „Wer vorsätzlich unter Ausnutzung der durch den Kriegszustand verursachten außergewöhnlichen Verhältnisse eine sonstige Straftat begeht, wird unter Überschreitung des regelmäßigen Strafrahmens mit Zuchthaus bis zu 15 Jahren, mit lebenslänglichem Zuchthaus oder mit dem Tode bestraft, wenn dies das gesunde Volksempfinden wegen der besonderen Verwerflichkeit der Straftat erfordert".[37] Hier ist erkennbar: Es gab Alternativen in der Wahl der Strafzumessung, ein bestimmtes Delikt zog nicht zwangsläufig die Todesstrafe nach sich.

Zudem entschied ein Wehrmachtrichter aber auch, welcher Tatbestand überhaupt zur Verhandlung kam. Im juristischen Jargon ist das die *Subsumtion*, was die Zuordnung eines Sachverhaltes zu einer bestimmten Norm meint. Der Richter musste entscheiden, ob er eine Handlung als Desertion oder „nur" als unerlaubte Entfernung wertete. Und nicht zuletzt spielten bei der Strafzumessung gerade bei Desertionsfällen in Frankreich auch weltanschauliche Aspekte mit hinein. Im erwähnten Fall des Soldaten, dem das Gericht „Zuhälterei" und somit eine verbrecherische Betätigung nachsagte, begründete der Richter das Todesurteil wie folgt:

> „Diese einzelnen Straftaten, wie überhaupt sein ganzes Leben, lassen den Angeklagten als einen völlig haltlosen asozialen Menschen erkennen. Er hat sich durch sein Treiben, [...] insbesondere dadurch, dass er seinen Fahneneid brach, selbst aus der Volksgemeinschaft ausgeschlossen. [...] Eine Milde gegen den Angeklagten wäre unter derartigen Umständen eine Härte für die Volksgesamtheit."[38]

---

bei wiederholter oder gemeinschaftlicher Fahnenflucht und bei Flucht oder versuchter Flucht ins Ausland. Das gleiche gilt, wenn der Täter erheblich vorbestraft ist oder sich während der Fahnenflucht verbrecherisch betätigt hat."
[36] MStGB vom 10. Oktober 1940, § 70 Abs. 2, RGBl. I, S. 1353.
[37] Verordnung gegen Volksschädlinge vom 5. September 1939, RGBl. I, S. 1679.
[38] Feldurteil des Gerichtes des Kommandanten von Groß-Paris vom 5.12.1941 (BArch Pers 15/7500).

In dieser Urteilsbegründung vereinen sich Elemente von NS-Ideologie, traditionellem militärischen Denken, das die Desertion als „Treuebruch" begriff sowie die Idee der Generalprävention.

Ähnlich verhielt es sich bei dem Delikt „Zersetzung der Wehrkraft": § 5 der Kriegssonderstrafrechtsverordnung (KSSVO), welcher die Tatbestandsmerkmale für die „Zersetzung der Wehrkraft" lieferte, war nicht nur eine explizit nationalsozialistische Strafnorm, sondern auch bewusst vage formuliert.[39] Die KSSVO wies für den Regelfall von „Zersetzung der Wehrkraft" die Todesstrafe aus, das Gericht konnte aber in minder schweren Fällen auf Zuchthaus- oder Gefängnisstrafe erkennen. Hier lag es wieder im Ermessen des Richters, zu entscheiden, ob es sich um einen minder schweren Fall handelte oder nicht. Wenn als Strafnorm statt „Zersetzung der Wehrkraft" das „Heimtückegesetz" angewandt wurde, fiel das Strafmaß wiederum wesentlich niedriger aus.

Die Handlungsoptionen der Richter beim Gericht des Kommandanten von Groß-Paris zeigten sich ebenso in den Bereichen, die Schwinge als „politikfern" bezeichnet hätte: bei Diebstählen. Ich möchte abschließend anhand eines Beispiels zeigen, dass die Richter sich in Paris auch in diesen Fällen eher selten differenziert verhielten oder ihre Spielräume zugunsten des Angeklagten nutzten. Es handelt sich um einen Fall von Diebstahl, der für den Angeklagten die Todesstrafe nach sich zog: Ein Gefreiter wurde mit seiner Einheit Anfang Januar 1942 in Homburg/Saar zum Bewachen von für die Ostfront gesammelten Wintersachen kommandiert, wobei er sieben Paar Wollsocken stahl.[40] Diese Tat wurde vom Verhandlungsleiter nach der gerade erst wenige Tage zuvor veröffentlichten „Verordnung des Führers zum Schutz von Wintersachen für die Front" beurteilt – und nach dieser Verordnung stand auf eine solche Tat die Todesstrafe.[41] Allerdings hätte der Richter dies auch als Diebstahl oder militärischen Diebstahl werten können, wie es in solchen Fällen andernorts dutzendfach getan wurde. Zumal der Angeklagte versicherte, er habe nicht gewusst, dass darauf die Todes-

---

[39] § 5 Abs. 1 der Verordnung über das Sonderstrafrecht im Kriege und bei besonderem Einsatz vom 17. August 1938 (KSSVO) lautete: „(1) Wegen Zersetzung der Wehrkraft wird mit dem Tode bestraft: 1. wer öffentlich dazu auffordert oder anreizt, die Erfüllung der Dienstpflicht in der deutschen oder einer verbündeten Wehrmacht zu verweigern, oder sonst öffentlich den Willen des deutschen oder verbündeten Volkes zur wehrhaften Selbstbehauptung zu lähmen oder zu zersetzen sucht.", RGBl. I, S. 1456.
[40] Diese Unterschlagung fand am 5.1.1942 statt, vgl. BArch Pers 15/7541.
[41] Verordnung des Führers zum Schutz der Sammlung von Wintersachen für die Front vom 23. Dezember 1941, RGBl. I, S. 797.

strafe stand, dies habe er erst einige Tage später erfahren. Doch er war bei seiner Einheit angeblich bereits durch „freches Benehmen" aufgefallen, was nach der Urteilsbegründung seine „asoziale Gesamthaltung" zeigte. Mehr noch, der Richter formulierte: „Dass möglicherweise dem Angeklagten nicht bekannt war, dass derartige Verbrechen nach dem Gesetz mit dem Tode bestraft werden müssen, ist rechtlich ohne Bedeutung." Mit anderen Worten: juristische Belange spielten bei der Beurteilung dieses Falles letztlich keine Rolle mehr, sondern nur, dass der Delinquent als „asozial" galt. In der Wahl dieses Begriffes zeigt sich die Anschlussfähigkeit von Nationalkonservativen zur NS-Ideologie. War „asozial" ursprünglich eine Beschreibung abweichenden Verhaltens, so bekam das Wort während des Nationalsozialismus eine deutlich völkisch-rassistische Konnotation. Die so Benannten wurden aus der „Volksgemeinschaft" ausgeschlossen.

FAZIT

Natürlich ist es schwierig, aus den Urteilen und den Urteilsbegründungen die tatsächlichen Motive für die Handlungsweisen und die Urteilspraxis der Kriegsrichter herauszufiltern. Die Quellen, die Historiker und Historikerinnen benutzen, reichen häufig nicht aus, um ideologische Grundüberzeugungen sowie situative und persönliche Antriebsfaktoren für diesen oder jenen Urteilsspruch hinreichend zu belegen. Bei den Wehrmachtrichtern bleibt der Versuch oft mehrdeutig: Immer wieder findet sich für ein Beispiel eines besonders „harten" Urteils ein Gegenbeispiel. Doch eine biografische Untersuchung, die zum Verständnis der Praxis des NS-Regimes beitragen will, muss sich nicht unbedingt primär auf die Suche nach Motiven begeben.[42] Vielmehr können Rituale und Handlungsmuster „sowie individuelle Reaktionen auf vorgegebene Situationen"[43] die Verantwortlichkeit des Einzelnen für bestimmte Ereignisabläufe zeigen und die Struktur und Dynamik des Herrschaftssystems des „Dritten Reiches" erhellen. Auf diese Weise könnten Rückschlüsse auf die jeweiligen Antriebsfaktoren für die jeweils unterschiedlichen (oder auch für ähnliche) Entscheidungen einer bestimmten Funktionselite gezogen werden. Bestimmte Handlungen der Wehrmachtrichter in Paris können demnach Ausdruck einer

---

[42] Schulte, Jan Erik, Individuelle Herrschaftspartizipation im Nationalsozialismus – Dr. Hanns Bobermin: Vom Deutschen Gemeindetag zur SS-Wirtschaft, in: Totalitarismus und Demokratie, Nr. 7 (2010), S. 213-238, hier S. 214.
[43] Ebd.

Suche nach Anerkennung in der Institution sein, oder der Wunsch nach beruflichem Erfolg – oder sie könnten allgemein der Förderung der eigenen Karriere gedient haben: Hier wären die Antriebsfedern eher Opportunismus und Eigennutz denn ideologische Überzeugung gewesen. Andere Vorgänge zeigen wiederum, dass es Schnittmengen zwischen Nationalkonservativen und NS-Ideologen, und somit auch weltanschauliche Antriebsfaktoren gab, erkennbar z.B. in den Zuschreibungen (wie „asoziale Gesamthaltung") oder den militärischen Zielen, die laut Wehrmachtführung angestrebt werden sollten. Es muss im Richterkorps noch nicht einmal einen besonders großen Gruppendruck gegeben haben, wie beispielsweise Browning ihn für die Verbände der Polizeibataillone ausmachte.[44] Bei den Wehrmachtrichtern genügte wohl ein militärischer Korpsgeist. Möglicherweise haben sich die beiden Abteilungen des Pariser Gerichtes gegenseitig angespornt, scharfe Urteile zu fällen. Handlungsspielräume wurden jedenfalls nur selten zugunsten der Angeklagten genutzt.

Eine große Rolle spielte in der Institution Wehrmachtjustiz auch der Schauplatz des Geschehens: Je nachdem, ob sich das Gericht im Frontgebiet oder im Besatzungsgebiet befand, wirkten sich auch situative Elemente auf die Urteilspraxis aus, die in der Analyse mit bedacht werden müssen. An der Ostfront gelangten häufig ganz andere Tatbestände vor Gericht als beispielsweise an Ersatzheergerichten an der „Heimatfront" oder an Gerichten im besetzten Westeuropa. Das lag zum einen an vorgegebenen Befehlen zum Verhalten von Soldaten gegenüber der Zivilbevölkerung, wie dem erwähnten Kriegsgerichtsbarkeitserlass, zum anderen aber auch daran, dass der Drang von Soldaten, sich der Wehrmacht zu entziehen, aber auch die Gelegenheiten dazu, jeweils unterschiedlich ausgeprägt waren. In Frankreich hatte der Militärbefehlshaber explizit die Aufgabe, für Sicherheit und Ordnung im besetzten Gebiet zu sorgen, und die Wehrmachtgerichte waren dem Militärbefehlshaber unterstellt. Somit stützen sie die Arbeit des Militärbefehlshabers auf juristischer Ebene. Eine Zusammenarbeit aller Dienststellen des Militärbefehlshabers mit der Sicherheitspolizei und dem Sicherheitsdienst des Reichsführers-SS (SD) war trotz der Machtkonkurrenz, die eigentlich zwischen ihnen herrschte, unausweichlich. Diese Zusammenarbeit funktionierte auf regionaler Ebene sehr gut, so dass auch die scheinbar „unpolitische" und weltanschaulich eher NS-ferne Institution des Militärbefehlshabers

---

[44] Browning, Männer (wie Anm. 7).

für eine stete Radikalisierung im Umgang mit dem französischen Widerstand sorgte.[45]

Die Grenzen zwischen Nationalkonservativen und Nationalsozialisten waren also nicht nur in der Rechtsauffassung fließend, wie es in Schwinges Gesetzeskommentaren und juristischen Schriften deutlich wird,[46] sondern auch in der konkreten Rechtspraxis des Krieges. Ohne viel Federlesens wandten auch nationalkonservative Militärrichter nationalsozialistische Strafnormen wie die „Volksschädlingsverordnung" oder den § 5 der KSSVO an, da hier aus ihrer Sicht gewisse verfahrensrechtliche Standards und eine formale Gesetzesbindung noch gegeben waren. Mehr noch: Durch die Distanz, die viele der in Paris tätigen Richter zur nationalsozialistischen Ideologie zeigten, hoben sie sich aus ihrer (eigenen) Sicht von den Männern des SD ab. Ungeachtet ihrer drakonischen Urteilspraxis während des Krieges diente ihnen diese Distanz *nach* 1945 zur Selbstrechtfertigung und Selbstreinwaschung.

---

[45] Vgl. Eismann, Gaël, Hôtel Majestic. Ordre et Sécurité en France occupé (1940-1944), Paris 2010. In ganz Frankreich wurden während der deutschen Besatzung mehr als 2500 wehrmachtgerichtliche Todesurteile gegen Landeseinwohner vollstreckt, meist wegen Widerstandsdelikten wie Feindbegünstigung, Sabotage und „Freischärlerei", aber auch wegen unerlaubten Waffenbesitzes. Vgl. Eismann, Hôtel Majestic, 2010, S. 465. Zur Anpassung der NS-Militärjustiz in Frankreich an die Gewalt von Sipo/SD vgl. Eismann, Gaël, Das Vorgehen der Wehrmachtsjustiz gegen die Bevölkerung in Frankreich 1940 bis 1944. Die Eskalation einer scheinbar legalen Strafjustiz, in: Bade/Skowronski/Viebig (Hg.), NS-Militärjustiz (wie Anm. 3), S. 109-131.

[46] Schwinge lehnte zwar die nationalsozialistisch geprägte „Tätertypenlehre" von Georg Dahm und anderen ab, doch die Handlungen der Militärjustiz sahen in der Praxis anders aus. Auch die Militärjustiz urteilte nach dem sog. „Volksempfinden", und viele Angeklagte galten als „Psychopathen" und „Asoziale", die – unabhängig von der Tat – ihr „Leben verwirkt" hätten. Zum Verhältnis von Erich Schwinge zur „Tätertypenlehre" vgl. Garbe, Detlef, „In jedem Einzelfall... bis zur Todesstrafe". Der Militärstrafrechtler Erich Schwinge. Ein deutsches Juristenleben, Hamburg 1989, S. 21-30, sowie Garbe, Der Marburger Militärjurist, 2010 (wie Anm. 2).

„Fremde Welten" – Der Mensch und seine Biographie

Stefanie Westermann

EINLEITUNG[1]

Mit einer Biographie darf man derzeit auf ein breites Publikum hoffen.[2] Volker Ullrich erklärte sie 2007 in der ZEIT neben den großen Epochendarstellungen zur „Königsdisziplin" der Geschichtswissenschaft und forderte, jeder Historiker, der etwas auf sich halte, sollte sich wenigstens einmal in seinem Leben an einer solchen versuchen.[3]

Ohne Zweifel ist die biographische Arbeit eine sehr herausfordernde, in der eine breite Palette an Fähigkeiten des Historikers abgefragt wird: So gilt es, verschiedenste Puzzleteile über das Leben eines anderen aufzuspüren, sie zusammenzusetzen, zu interpretieren – selbstredend mit einem hohen Maß an Quellenkritik und analytischem Bewusstsein – und am Ende das Produkt mit Verve niederzuschreiben. Auch das, was die Biographie verspricht, ist nicht wenig: Einblicke in das Leben Anderer. Provokant ausgedrückt: eine Home-Story in historischem Gewand, die (vermeintlich) sogar noch tiefer eindringt in das Le-

---

[1] Teile und Gedankengänge dieses Beitrags beruhen auf der Dissertationsschrift der Autorin, vgl. Westermann, Stefanie, Verschwiegenes Leid. Der Umgang mit den NS-Zwangssterilisationen in der Bundesrepublik Deutschland (= Menschen und Kulturen, 7), Köln u.a. 2010 und wurden in Auszügen bereits abgedruckt, vgl. insbesondere ebd. und Westermann, Stefanie, „Ich hoffe [...], ich konnte Ihnen einen kleinen Einblick in unser Leben geben [...]." – Zur Verwendung von Ego-Dokumenten in der Medizingeschichte am Beispiel der Zwangssterilisierten des Nationalsozialismus (= Medizin, Gesellschaft und Geschichte, 34), in: Osten, Philipp (Hg.), Patientendokumente. Krankheit in Selbstzeugnissen, Stuttgart 2010, S. 233-249. Jürgen Schreiber sei sehr herzlich für seine Anregungen und Korrekturen gedankt.
[2] Auf die Geschichte der Biographik wird in diesem Beitrag nicht eingegangen, vgl. hierzu z.B. Hähner, Olaf, Historische Biographik. Die Entwicklung einer geschichtswissenschaftlichen Darstellungsform von der Antike bis ins 20. Jahrhundert, Frankfurt/M. u.a 1999 oder in essayistischer Form Raulff, Ulrich, Inter lineas oder Geschriebene Leben, in: Ders., Der unsichtbare Augenblick. Zeitkonzepte in der Geschichte (Göttinger Gespräche zur Geschichtswissenschaft, 9), 2. Aufl., Göttingen 2000, S. 118-142; vgl. auch die „Bestandsaufnahme" von Klein, Christian, Biographik zwischen Theorie und Praxis. Versuch einer Bestandsaufnahme, in: Ebd. (Hg.), Grundlagen die Biographik. Theorie und Praxis des biographischen Schreibens, Stuttgart 2002, S. 1-22.
[3] Ullrich, Volker, Die schwierige Königsdisziplin, online verfügbar: http://www.zeit.de/2007/15/P-Biografie (letzter Zugriff am 7.05.2013).

ben der Anderen als es die Hochglanzpresse oder das Privatfernsehen der Gegenwart vermögen. Biographien haben damit, wenn sie geschrieben und gedruckt vor uns liegen und wir sie nach Belieben ins Regal stellen können, auch etwas sehr Tröstliches. Sie erlauben die Vorstellung, ein Leben fassen zu können, es, zumindest im Nachhinein, begreifen zu können, ein Leben „festgehalten" zu haben und vielleicht Schlüsse aus diesem für unsere Gegenwart ziehen zu können.

Den Reiz dieses Unterfangens spüren viele, Historiker, Journalisten, Publizisten, manchmal vielleicht zu viele.[4] Gleichwohl, es gibt eine Vielzahl von hervorragenden biographischen Arbeiten, und auch zum Ende dieses Beitrages werden einige kollektivbiographische Versuche der Annäherung an eine Opfergruppe des Nationalsozialismus skizziert. Zuvor aber soll eine Reihe von Fragen gestellt werden: zu den Grenzen der möglichen Erkenntnis, aber auch nach dem, was der Historiker beim Austesten dieser Grenzen eigentlich „darf" und „soll". Weder sind alle diese Fragen neu, noch erheben sie den Anspruch einer systematischen Auseinandersetzung mit diesem Forschungsansatz. Vielmehr spiegeln sie Überlegungen, die sich für die Autorin im Laufe der Beschäftigung mit Ego-Dokumenten und Interviews, aber auch mit einigen wissenschaftlichen Beiträgen hierzu sowie neueren biographischen Arbeiten ergeben haben.

VERBORGENE RÄUME UND DIE „ETHIK" DES HISTORIKERS

Wenn wir uns das Leben eines Menschen, beispielsweise unser eigenes, als Haus denken, in dem es verschiedene Räume gibt, dann gibt es solche, die der Öffentlichkeit zugänglich gemacht werden, in denen wir Besuch empfangen, in denen wir uns und unser Leben darzustellen versuchen. Es gibt solche, die sind privater Natur, in diese lassen wir nur vertraute Menschen. Und es gibt Räume, die sind verschlossen, in diese lassen wir niemanden hinein.[5] Als wissenschaftli-

---

[4] Ulrich Raulff schreibt, die Biographik „war und ist ein Opfer ihres Publikumserfolgs." Raulff, Inter lineas, 2000 (wie Anm. 2), S. 119. Thomas Etzemüller stellt fest, leicht könne die Biographie auch „zum Gegenteil einer Königsdisziplin" werden. Etzemüller, Thomas, Biographien. Lesen – erforschen – erzählen (Historische Einführungen, 12), Frankfurt/M. u.a. 2012, S. 14. Siehe generell die lesenswerte Einführung zur Biographie-Forschung von Etzemüller.
[5] Für Anregungen danke ich in diesem Zusammenhang Dr. Matthias Zaft, 30. Stuttgarter Fortbildungsseminar des Instituts für Geschichte der Medizin der Robert-Bosch-Stiftung, Stuttgart 2011.

cher Gast in einem anderen Haus aber – und nichts anderes sind wir, wenn wir Biographieforschung betreiben – verlangen wir Eintritt in all diese Räume, versuchen, mit allen Mitteln Türen zu öffnen, durch Ritzen zu blinzeln, verborgene Fächer und Kammern zu entdecken. Mit welchem Recht eigentlich? Sicher ist das Verborgene, gerade weil es den Blicken entzogen ist, oft das Interessanteste, zumindest solange, bis die Decke gelüftet wurde. Es mag von Interesse sein, welche stillen Ängste, Sehnsüchte, Hoffnungen, welche Begierden, welche Gipfel und welche Abgründe in einem Menschen zu Hause waren. Mancher wird vielleicht behaupten, erst dieses Wissen sei der Schlüssel zum Verständnis der ganzen Person, ihres Werkes, ja ihrer Zeit. Gleichwohl die Frage: Dürfen wir denn nur, weil jemand tot ist, alles? Andere wissenschaftliche Disziplinen müssen sich mittlerweile selbstverständlich mit den ethischen Grenzen ihrer Arbeit auseinandersetzen; das wissenschaftliche Erkenntnisinteresse, ja selbst verheißungsvolle Zukunftsversprechen legitimieren hier vieles nicht, zumindest nicht per se. Gibt es denn nicht, müsste es nicht vielleicht auch eine *Ethik des Historikers* geben?

Wenn wir darüber hinaus noch annehmen müssen, dass wir es ja trotz aller Versuche, die Türen zu den verborgensten Räumen anderer Menschen aufzustoßen, niemals schaffen werden, diese wirklich zu betreten, sie bis in den kleinsten Winkel zu erhellen und zu vermessen, dass wir höchstens einen Spalt öffnen oder durch das Schlüsselloch blinzeln können, dürfen wir das im Halbschatten tatsächlich oder vermeintlich Erblickte, das zumeist vor allem auf Vermutungen und Spekulationen Begründete so einfach ins Tageslicht zerren und als das von uns rekonstruierte Leben den neugierigen Blicken der Leserschaft aussetzen?

In der Zeitgeschichte gibt es ein methodisches Instrument, das eine höchst interessante Quelle kreiert: das Zeitzeugeninterview. Neben den vielfach geäußerten kritischen Einwänden – auf einige von ihnen wird auch im Späteren noch einzugehen sein – stellen sich auch und gerade in diesem Zusammenhang prinzipielle Fragen. Almut Leh hat sich in einem Beitrag mit „forschungsethischen Problemen in der Zeitzeugenforschung" beschäftigt.[6] Hierbei ging es unter anderem um die Frage, wie man damit umgeht, wenn ein Interviewpartner im Laufe eines Gesprächs explizit darum bittet, das Aufnahmegerät abzustellen und bestimmte Erzählpassagen nicht aufzunehmen. Unbestritten handelt es sich hierbei oft um

---

[6] Vgl. Leh, Almut, Forschungsethische Probleme in der Zeitzeugenforschung, in: BIOS, Nr. 1, Jg. 13 (2000), S. 64-76.

die interessantesten Sequenzen, oftmals sogar vermutlich um solche, die das gesamte Gespräch in einem anderen Licht erscheinen lassen. Aus wissenschaftlichem Erkenntnisinteresse folgerichtig empfiehlt die Autorin, sicher im Konsens mit den meisten Fachvertretern, diese Passagen nach dem Ende des Gesprächs so exakt wie möglich zu rekonstruieren und niederzuschreiben. Aber darf man denn im Namen der Wissenschaft alles? Almut Leh selbst resümiert am Ende ihres Beitrags: „Alles in allem bleibt die Archivierung lebensgeschichtlicher Interviews ein schwieriger Aushandlungsprozess zwischen der Verantwortung gegenüber den Interviewpartnern einerseits und dem Anspruch der Archivnutzer an eine Dienstleistung andererseits; ein heikles Unterfangen auf letztlich unsicherer rechtlicher Grundlage, das überhaupt nur dann funktionieren kann, wenn man sich um einen verantwortungsvollen Umgang mit den Zeitzeugen bemüht."[7] Aber wann genau beginnt diese Verantwortung und welche Konsequenzen birgt sie, wenn man sie ernst meint? Beginnt sie nicht spätestens dort, wo uns ein Interviewpartner bittet, die im Zuge der Begehung seines „Hauses" ungewollt geöffneten Türen wieder zu schließen, bestimmte Passagen des Gesprächs also nicht zu verwerten? Das kann in der Konsequenz dazu führen, dass das Gespräch nur eingeschränkt verwertet werden kann, vielleicht gänzlich unbrauchbar wird. Aber respektiert man seinen Gesprächspartner und nimmt die genannte Verantwortung ernst, dann gibt es wohl zu einem solchen Vorgehen kaum Alternativen.

Es soll damit nicht dafür plädiert werden, beispielsweise den SS-Unterscharführer nicht mit seinen Morden zu konfrontieren, die er wahrscheinlich auch lieber in den Nebel der Geschichte eingehüllt wissen will. Es geht vielmehr darum, dass uns als Historiker Menschen anvertraut sind, Lebende oder bereits Verstorbene und wir in jeder Hinsicht verantwortungsvoll mit ihnen umzugehen haben. Es ist – nicht zuletzt auch mit Blick auf die wissenschaftliche Qualität – ein Unterschied, ob nachweisbare Handlungen dargestellt und analysiert werden, ob versucht wird, auf breiter Quellenbasis Motive und Wahrnehmungen nachzuzeichnen oder ob weitreichende Spekulationen in die vermeintliche Lebensgeschichte eines Menschen eingeschrieben werden.

Und vielleicht noch zwei weitere Aspekte: Die meisten Psychiater, Psychologen oder Psychoanalytiker würden es ablehnen, wenn man sie heute darum bitten

---

[7] Leh, Almut, Forschungsethische Probleme, 2000 (wie Anm. 6), , S. 75.

würde, über eine Person, die nicht zum Kreise ihrer eigenen Patienten gehört, eine Ferndiagnose zu stellen. Richter sind in der Beurteilung der Handlungen oder Nicht-Handlungen einer Person durch unser Rechtssystem einer großen Zahl von Einschränkungen und Leitlinien in ihrer Urteilsfindung unterworfen. Sobald ein Mensch aber tot ist, betritt der Historiker das Feld, und jene Regeln, die ja auch im Bewusstsein des Nicht-Durchdringbaren, der komplexen Fremdheit eines jeden Lebens gesetzt wurden, gelten oftmals nicht mehr.

FREMDE WELTEN UND DIE GRENZEN DER REKONSTRUKTION

Wenn wir uns vorstellen, über unser Leben solle ein Buch erscheinen: Wen würden wir uns als Autor unserer Biographie wünschen? Welche Quellen würden wir empfehlen? Und vor allem: Könnten wir uns wohl selbst in dem erkennen, was jemand über unser Leben, uns als Person zu rekonstruieren vermag, in jenem Bild, das dort entworfen wird? Wenn uns selbst bereits die Deutungshoheit über unser eigenes Leben mit dem Verweis auf die narrative Macht der eigenen Identitätskonstruktion verwehrt bleibt, welcher Außenstehende vermag diese mit mehr Recht zu beanspruchen? Und wen kennen *wir* wirklich? Enge Freunde, den Menschen an unserer Seite? Aber wenn wir hier bereits zugestehen müssen, dass wir selbst die uns nahestehenden Menschen nie ganz erkennen, geschweige denn sie mit sprachlichen Mitteln beschreiben und „fixieren" können, wie sollte uns das dann auch nur ansatzweise bei Menschen gelingen, über die uns nur mit einem hohen Maß notwendiger Kritik zu lesende Quellen vorliegen, mit denen wir zumeist nicht ein einziges Wort gesprochen haben, die wir vermutlich niemals sehen und erleben konnten? Sicher, wir können verschiedene Perspektiven wählen, eine möglichst große Zahl und Vielfalt an Quellen einbeziehen. Aber ist das, was am Ende dieses Prozesses steht dann tatsächlich die Biographie eines Menschen, die Beschreibung eines Lebens? Ist es bei all der Subjektivität der Quellen, des Gegenstandes, des Historikers und trotz einer Vielzahl von Fußnoten tatsächlich ein wissenschaftliches Werk? Sollte man, zugespitzt gefragt, das Bemühen der Beschreibungen eines Lebens nicht eher der Literatur überlassen? Vor allem dann, wenn versucht wird, aus nur sehr wenig vorhandenen Puzzlestücken ein dicht gewebtes Bild zu gestalten?

Das direkte Gespräch mit der von uns untersuchten Person oder Gruppe scheint im Bereich der Zeitgeschichte einen Ausweg zu ermöglichen. Wir kommen viel näher an das einzelne Subjekt heran als es uns durch schriftliche Zeugnisse gelingt und verfügen über die Möglichkeit, verschiedene Erinnerungsbereiche „abzufragen", statt nur die Erinnerungen und die Aspekte aufgreifen zu müssen, die jemand – vielleicht bewusst – hinterlässt. Wir können möglichen Inkonsistenzen nachgehen und auf die Dynamik des Interviews vertrauen, welches oftmals ein dichtes „Erinnerungsbild" erzeugt. Mit dem Ansatz der Oral History steht hierfür zudem ein entsprechendes methodisches Rüstzeug zur Verfügung. Gleichwohl gibt es auch hier deutliche Limitierungen der möglichen Erkenntnisse. Welchen Grad von „Realität" erfasst beispielsweise das Gedächtnis des erinnernden Subjekts? Diese Frage weist dabei über Interviews hinaus und gilt ebenso für Briefe und sonstige Ego-Dokumente sowie autobiographische Darstellungen. Neurowissenschaftliche Forschungen schüren Zweifel an der Authentizität der Erinnerung im Hinblick auf die tatsächlich erlebte Realität und verweisen demgegenüber auf eine Fülle von Produktions- und Konstitutionsbedingungen, denen jede Erinnerung grundsätzlich unterliegt.[8] Harald Welzer hält fest: „Was mit Hilfe von Zeitzeugeninterviews erhoben wird, ist, wie ein Erzähler seine Auffassung von der Vergangenheit einem Zuhörer zu vermitteln versucht."[9] Sichtbar werden dementsprechend die „Selbstdeutungen des Interviewpartners", die jeweilige „Sinnkonstruktion".[10] Die Frage, die sich hieraus ergibt, lautet: Wie nah kommen wir eigentlich dem Subjekt als Objekt unserer Studie, welche Schichten können wir durchdringen? Wenn es um die Auffassung von der Vergangenheit geht, die uns eine Person in Gesprächen oder in ihren Briefen zu vermitteln versucht, dann ist es sicher schon eine der tieferen Schichten, die wir erreichen. Gleichwohl ist sie noch weit von „der Person" entfernt.

Bleibt „die Person" aber, unabhängig davon, welche Tiefenschichten wir erreichen, nicht grundsätzlich eine Illusion? Ist die in einer Biographie entworfene „Lebensgeschichte" eines Menschen nicht, wie Pierre Bourdieu es ausdrückt, „eine jener vertrauten Alltagsvorstellungen, die sich in das wissenschaftliche

---

[8] Vgl. hierzu u.a. Welzer, Harald, Die Entwicklung des autobiographischen Gedächtnisses – ein Thema für die Biographieforschung, in: BIOS, Nr. 2, Jg. 15 (2002), S. 163-170.
[9] Welzer, Harald, Das Interview als Artefakt. Zur Kritik der Zeitzeugenforschung, in: BIOS, Nr. 1, Jg. 13 (2000), S. 51-63, hier S. 60.
[10] Leh, Forschungsethische Probleme, 2000 (wie Anm. 6), S. 72.

Universum hineingeschmuggelt haben"?[11] Anders formuliert: Wenn wir jeden Tag am Abend ein anderer sind als der, der wir am Morgen noch waren, wen bannen wir dann da eigentlich auf die Seiten einer Biographie?

Dieses Problem lässt sich auch nicht einfach durch den Ansatz einer „kontextualisierten Biographie" beheben. Einer so großen Anzahl von individuellen Momentaufnahmen und jeweiligen Kontextualisierungen, wie es sie auch nur zu einer Näherung bräuchte, kann ein Historiker niemals nachgehen; Von den in den allermeisten Fällen fehlenden Quellen ganz zu schweigen. Die Biographie – auch in dieser Form – bleibt, wie Norbert Rath festhält, eine „Abstraktion, die unbedingt mit der vieldimensionalen Wirklichkeit eines Lebens verwechselt sein will."[12]

„Wer Biograph wird", so Sigmund Freud, seinerseits ein großer Skeptiker der Biographik, „verpflichtet sich zur Lüge, zur Verheimlichung, Heuchelei, Schönfärberei und selbst zur Verhehlung seines Unverständnisses, denn die biographische Wahrheit ist nicht zu haben, und wenn man sie hätte, wäre sie nicht zu brauchen [...]."[13] Denn, so Friedrich Nietzsche: „Diese ‚guten Menschen' [...]: wer von ihnen ertrüge eine *wahre* Biographie!"[14]

Gilt das bereits Gesagte für die Biographie eines Einzelnen, so doch noch mehr für kollektivbiographische Ansätze: Können wir uns kaum einem Menschen nähern, wie dann gleich vielen? Verschwimmt der Einzelne hier nicht im starren, grob gewebten Korsett der möglicherweise vorhandenen Gemeinsamkeiten? Laufen wir nicht Gefahr, viel zu leicht nur den Ausschnitt zu sehen und ihn vorschnell zum pars pro toto zu erklären? Konzentrieren wir uns nicht leichtfertig auf das, was uns interessiert, was unseren Blick – gleichsam begründet und eingebettet in unserer eigenen Biographie – auf sich zieht, und erklären das zur kollektivbiographischen Skizze einer ganzen sozialen Gruppe, die tatsächlich vielleicht sehr viel weniger gemeinsam hatte, als wir wahrhaben wollen. Und

---

[11] Bourdieu, Pierre, Die biographische Illusion, in: BIOS, Nr. 3 (1990), S. 75-81, hier S. 75; vgl. hierzu auch Raulff, Inter lineas, 2000 (wie Anm. 2), v.a. S. 132f.
[12] Rath, Norbert, „Wer Biograph wird, verpflichtet sich zur Lüge". Skepsis gegen Biographen bei Friedrich Nietzsche, Sigmund Freud und Lou Andreas-Salomé, in: Bruder, Klaus-Jürgen (Hg.), „Die biographische Wahrheit ist nicht zu haben". Psychoanalyse und Biographieforschung, Gießen 2003, S. 29-319, hier S. 295.
[13] Zitiert nach: Rath, Norbert, Wer Biograph wird, 2003 (wie Anm. 12), S. 303.
[14] Zitiert nach: Ebd., S. 296 (Hervorh. i. Orig.).

schließlich: Niemand war und ist nur Soldat, Arzt, Sozialdemokrat, Fußballer oder Philosoph. Niemand nur Täter oder Opfer.

Was wir hier herausarbeiten können – und auch das nur abstrahierend – sind institutionelle und soziale Strukturen, sind Traditionen, beispielsweise kollektive Bewältigungsversuche, sind Mentalitäten.[15] In diese ist der Einzelne – denn wir sollten nicht vergessen, dass es sich auch in kollektivbiographischen Studien stets um mehr oder weniger nachvollziehbar „zusammengedrängte" Individuen handelt – gestellt. Seine eigentliche „Welt" bleibt fremd.

ANNÄHERUNGEN AN DIE PERSPEKTIVEN VON ZWANGSSTERILISIERTEN – MÖGLICHKEITEN UND GRENZEN[16]

Wie erging es Menschen, die im Nationalsozialismus zwangssterilisiert und nach 1945 jahrzehntelang gesellschaftlich wie politisch ausgegrenzt wurden? Welchen Blick haben sie auf ihr Leben, auf den Zwangseingriff, auf die „Vergangenheitsaufarbeitung" nach 1945? Und: Wie können wir uns ihren Wahrnehmungen nähern – nicht zuletzt nach den bislang erfolgten Einschränkungen und Fragezeichen?

Die Grenzen eines solchen Ansinnens definieren sich auf verschiedenen Ebenen: Von den methodischen Problemen einer Auswertung zahlreicher Ego-Dokumente und dem weitgehenden Fehlen grundlegender medizinischer oder psychologischer Untersuchungen über die Folgen der Zwangssterilisationen[17]

---

[15] Zu verschiedenen methodischen Verknüpfungsmöglichkeiten vgl. z.B. Harders, Levke/Lipphardt, Veronika, Kollektivbiographie in der Wissenschaftsgeschichte als qualitative und problemorientierte Methode, in: Traverse: Zeitschrift für Geschichte, Nr. 2 (2006), S. 81-90.

[16] Folgender Abschnitt wurde zu großen Teilen entnommen aus: Westermann, Verschwiegenes Leid, 2010 (wie Anm. 1), S. 24-33.

[17] Hierbei wird auch auf Ergebnisse aus dem Bereich der Traumaforschung zurückgegriffen, die im Kontext der Erfahrungen und Leiden von Überlebenden des Holocaust entstanden ist. Auch wenn dabei eine direkte Übertragung der Ergebnisse aufgrund der unterschiedlichen Ausgangssituation nicht möglich ist, gibt es möglicherweise Analogien. Vgl. Herzka, Heinz Stefan, Die Kinder der Verfolgten: die Nachkommen der Naziopfer und Flüchtlingskinder heute (Beiheft zur Praxis der Kinderpsychologie und Kinderpsychiatrie, 29), Göttingen 1989; Özkan, Ibrahim (Hg.), Trauma und Gesellschaft: Vergangenheit in der Gegenwart, Göttingen 2002; Rossberg, Alexandra/Lansen, Johan (Hg.), Das Schweigen brechen. Berliner Lektionen zu Spätfolgen der Shoa, Frankfurt/M. u.a. 2003; Keilson, Hans, Sequentielle Traumatisierung bei Kindern. Untersuchung zum Schicksal jüdischer Kriegswaisen, unveränderter Neudruck von 1979, Gießen 2005.

einmal abgesehen, liegt eine solche Grenze in den etwa 360 000 zwangssterilisierten Individuen mit unterschiedlichen Sozialisationsbedingungen, Lebensentwürfen und Lebenswegen und damit der prinzipiellen Individualität der Wahrnehmung und Verarbeitung.[18] Hinzu kommt, dass mit den zur Verfügung stehenden Quellen nur ganz bestimmte Gruppen innerhalb der Betroffenen überhaupt „erfasst" werden können: Nur diejenigen werden sichtbar, die in der ein oder anderen Weise aktiv geworden sind und sich nach 1945 um die Wiederaufnahme ihrer Erbgesundheitsgerichtsverfahren, um „Entschädigung" wie um staatliche und gesellschaftliche Anerkennung bemüht haben. Schließlich bieten die vorhandenen Zeugnisse lediglich ausschnitthafte Einblicke in das Leben und die Wahrnehmungsmuster der Betroffenen, denn, so schreibt eine von ihnen: „Diese Zeilen können nur einen groben Umriss über die Situation geben, welche die Sterilisation mit sich gebracht hat."[19]

Noch wichtiger aber scheint der Hinweis zu sein, dass jenes Moment, welches diese Menschen verbindet und überhaupt den Anlass für eine „kollektivbiographische" Annäherung bildet, die eugenisch-soziale Verfolgung im Nationalsozialismus ist.[20] Sie werden damit erzwungenermaßen zu einer Gruppe zusammengeschlossen, der der Einzelne zumeist nicht angehören möchte.[21] Und sie werden dabei reduziert auf ihre Rolle als Opfer von Zwang und Ausgrenzung vor und nach 1945. Ob es einen Ausweg aus diesem Dilemma gibt, muss an dieser Stelle offenbleiben.

Die Quellenbasis für die im Folgenden dargestellte kollektivbiographische Skizze bestand aus über 400 Briefen[22] sowie aus Interviews mit Betroffenen und Akten zu Wiederaufnahmeverfahren von Erbgesundheitsgerichtsprozessen, die seit

---

[18] Zur Individualität jedes Verfolgungserlebens vgl. auch Rosenthal, Gabriele, Überlebende der Shoah. Zerstörte Lebenszusammenhänge – Fragmentierte Lebenserzählungen, in: Fischer-Rosenthal, Wolfram/Alheit, Peter (Hg.), Biographien in Deutschland. Soziologische Rekonstruktionen gelebter Gesellschaftsgeschichte, Opladen 1995, S. 432-455.
[19] Brief von H. H. vom 11.3.1987, Zwangssterilisierte verstorben, BEZ [LAV NR OWL, D 107/73].
[20] Vgl. zu den Zwangssterilisationen im Nationalsozialismus immer noch grundlegend Bock, Gisela, Zwangssterilisation im Nationalsozialismus. Studien zur Rassenpolitik und Frauenpolitik (Schriften des Zentralinstituts für sozialwissenschaftliche Forschung der Freien Universität Berlin, 48), Opladen 1986.
[21] Vgl. hierzu Westermann, Verschwiegenes Leid, 2010 (wie Anm. 1), z.B. S. 249-251.
[22] Diese Briefe befanden sich im Archiv des Bundes der „Euthanasie"-Geschädigten und Zwangssterilisierten (BEZ) in Detmold und wurden nach der Auflösung dem Landesarchiv NRW Abteilung Ostwestfalen-Lippe übergeben: LAV NR OWL, D 107/73.

1947 und bis in die späten 1980er Jahre an deutschen Amtsgerichten geführt worden sind.[23]

Die Auswertung der hier bezeichneten Quellen erfolgte in Form einer qualitativen Analyse.[24] Das qualitative Vorgehen beinhaltet eigene Be- und Einschränkungen, deren vielleicht wichtigste in dem zu analysierenden Subjekt selbst begründet ist: „Qualitative Forschung bedeutet ein durch methodische Verfahrensregeln vergleichsweise wenig strukturiertes und geschütztes Aufeinandertreffen von Subjekten mit Subjekten."[25] Wie sehr wird die Analyse durch die Denk- und Wahrnehmungsstrukturen des Historikers gesteuert, wie intersubjektiv nachvollziehbar – und damit wissenschaftlich – sind die Ergebnisse? Dass auch „unbewusste Motive [...] mit[schreiben]", hält Jürg Kollbrunner fest.[26] Hieraus ergibt sich für ihn die Forderung, das klar definierte Erkenntnisinteresse des Autors und damit der „Baugrund" einer Biographie müsse offen gelegt werden.[27] Wenn es also Objektivität im Allgemeinen und in dieser Form des wissenschaftlichen Zugriffs im Besonderen nicht gibt, dann bleibt, wie schon von Max Weber gefordert, als einzige Möglichkeit die transparent gemachte Selbstreflektion.

In unserem Fall hinzu kommt die Tatsache der Konfrontation einer Angehörigen der „nachgeborenen" Generation des Nationalsozialismus mit Opfern des „Dritten Reichs". Ist, wie es Hans-Georg Soeffner ausgedrückt hat, „Fremdverstehen [...] ein prinzipiell zweifelhafter Akt"[28], so setzen die grundsätzlich unterschied-

---

[23] Vgl. ausführlich hierzu Westermann, Verschwiegenes Leid, 2010 (wie Anm. 1), S. 249, 108-186.
[24] Zu einem Überblick über qualitative Forschungsansätze vgl. Flick, Uwe/Kardorff, Ernst von/Steinke, Ines (Hg.), Qualitative Forschung. Ein Handbuch, 4. Auflage, Reinbeck bei Hamburg 2005.
[25] Mruck, Katja/Mey, Günter, Selbstreflexivität und Subjektivität im Auswertungsprozess biografischer Materialien. Zum Konzept einer „Projektwerkstatt qualitativen Arbeitens" zwischen Colloquium, Supervision und Interpretationsgemeinschaft, in: Jüttemann, Gerd/Thomae, Hans (Hg.), Biografische Methoden in den Humanwissenschaften, Weinheim 1999, S. 284-306, hier S. 302.
[26] Kolbrunner, Jürg, „Lasst uns Biographien schreiben, wie sie uns dienen". Über die Notwendigkeit der Deklaration von Erkenntnisinteressen im biographischen Handwerk ... und über verdrängte Biographien, in: Bruder, Klaus-Jürgen (Hg.): „Die biographische Wahrheit ist nicht zu haben". Psychoanalyse und Biographieforschung, Gießen 2003, S. 275-294, hier S. 281.
[27] Ebd., S. 284
[28] Soeffner, Hans-Georg, Sozialwissenschaftliche Hermeneutik, in: Flick, Uwe/Kardorff, Ernst von/Steinke, Ines (Hg.), Qualitative Forschung, 2005 (wie Anm. 23), S. 164-175, hier S. 165.

lichen Erfahrungsräume, in denen sich die Betroffenen auf der einen und die Autorin auf der anderen Seite bewegen und die deutlich werdenden Tabuisierungen den Erkenntnismöglichkeiten weitere Grenzen, denn: „62 Jahre seelisches & [sic] körperliches Leid es [sic] kann nur jemand verstehen der es am eigenen Leibe erfahren hat."[29] Immer wieder, in unterschiedlicher Intensität und Deutlichkeit, handelt es sich bei den vorliegenden Erzählungen und schriftlichen Äußerungen nicht zuletzt um „Leidensgeschichten". Wie aber können angesichts völlig verschiedener Lebensrealitäten die vielfältigen Dimensionen dieses Leidens, die in den Äußerungen selbst häufig abstrakt bleiben, und dessen Bedingungsfaktoren überhaupt erkannt, wie „analysiert" werden? Wie ist die Gratwanderung zwischen Empathie und Distanz, zwischen Analyseanspruch und der hinter dem vielfachen Schweigen zu vermutenden, aber letztlich nicht darstellbaren Dimension zu leisten? Zudem stellen sich weitere Fragen, wie: Bis zu welchem Punkt darf ich meinem Gegenüber Fragen, die immer auch verletzend bis retraumatisierend sein können, stellen? Darf man generell kritische Nachfragen stellen?[30] Darf man beispielsweise in schriftlichen Formulierungen Aussagen über das körperliche Rückenleiden als Folge der Sterilisation anzweifeln? Darf man – als Historiker und auf der Grundlage nur dieses einen Zeugnisses – das Verhalten, die „Person" psychologisch zu deuten versuchen?

Welchen Einfluss hat darüber hinaus die von Alexander von Plato genannte „Erinnerungskultur", in der Zeitzeugen – aber, so kann man ergänzen, auch Briefautoren und andere in den Prozessakten auftauchende Betroffene – verankert seien: „Dieses Umfeld bestimmt ihr Erleben mit, strukturiert ihre Präsentation, vermutlich auch ihre Erinnerung [...]."[31]

---

[29] Brief von L. H. vom 23.4.1999, Zwangssterilisierte lebend, BEZ [LAV NR OWL, D 107/73]. In einigen Briefen an den BEZ wird die persönliche Betroffenheit der Vorsitzenden der Organisation hervorgehoben und als Grund für eine auf dieser Basis mögliche Offenheit oder gar als Voraussetzung jeglichen „Verstehens" dezidiert genannt.
[30] Joist Grolle schreibt im Vorwort eines Sammelbandes, der sich mit im Rahmen eines Hamburger Forschungsprojektes entstandenen lebensgeschichtlichen Interviews mit NS-Opfern beschäftigt, von der „Gratwanderung zwischen Anspruch der Wissenschaft und Respekt vor den Opfern". Vgl. Grolle, Joist, Vorwort, in: Baumbach, Sybille et al. (Hg.), Rückblenden. Lebensgeschichtliche Interviews mit Verfolgten des NS-Regimes in Hamburg (= Forum Zeitgeschichte, 7), Hamburg 1999, S. 7f., hier S. 8.
[31] Plato, Alexander von, Zeitzeugen und die historische Zunft. Erinnerung, kommunikative Tradierung und kollektives Gedächtnis in der qualitativen Geschichtswissenschaft – ein Problemaufriss, in: BIOS, Nr. 1, Jg. 13 (2000), S. 5-29, hier S. 9. Vgl. hierzu auch Steinbach, Lothar, Lebenslauf, Sozialisation und „erinnerte Geschichte", in: Niethammer, Lutz (Hg.),

Trotz all dieser methodischen, quellenspezifischen und prinzipiellen Grenzen lassen sich bei der Beschäftigung mit Ego-Dokumenten von und Gesprächen mit Menschen, die im Nationalsozialismus zwangssterilisiert wurden, Gemeinsamkeiten finden, die es erlauben, von einer kollektivbiographischen Annäherung zu sprechen.

Zwangssterilisation bedeutete, das zeigt die Analyse der unterschiedlichsten Quellen, in der Konsequenz oftmals zerstörte Lebensperspektiven:[32] Die gewünschte Ausbildung konnte nicht angetreten oder beendet werden, der Wunschpartner nicht geheiratet, die Lebens- und Familienplanung nicht umgesetzt werden. Das Leben wurde zu einer Kette kaum beeinflussbarer, negativer Ereignisse. Gebrochene Identitäten äußerten sich über lange Zeit hinweg in schambesetztem Schweigen und sozialer Isolation, in Depressionen und Verbitterung. Es ging im Leben nach der Sterilisation, in individuell unterschiedlicher Ausformung, zumeist um ein Aushalten, das dem Einzelnen mal mehr, mal weniger erfolgreich gelang.

Aus der Perspektive vieler Zwangssterilisierter waren die Leiden zwar durch die nationalsozialistische Politik hervorgerufen worden, fanden nach 1945 aber ihre Fortsetzung. Ist diese Kontinuität zum einen in der weitgehenden Irreversibilität der Eingriffe und den physischen wie psychischen Verletzungen begründet, so fand für zahlreiche Betroffene insbesondere die internalisierte Stigmatisierung als „Minderwertige" ihre oftmals lebenslange Bestätigung – auch durch die Kontinuität der sozialen Ausgrenzung. Dementsprechend werden noch Jahrzehnte nach der Sterilisation tiefreichende Verletzungen in Selbstzeugnissen wie Fremdbeschreibungen deutlich, so etwa im Brief des 1935 wegen „angeborenen Schwachsinns" zwangssterilisierten H. H., der Anfang der 1960er Jahre an das Hamburger Amtsgericht schrieb, dies sei

„[...] im Leben nie wieder an mein seelisches u. innerliches Leben nie wieder gut zu machen auch nicht mit geld u. gute worte [...] ich bin durch die Sterilisation ein

---

Lebenserfahrung und kollektives Gedächtnis. Die Praxis der „oral history", Frankfurt/M. 1980, S. 291-322, hier S. 316f.; Platt, Kristin, Gedächtnis, Erinnerung, Verarbeitung. Spuren traumatischer Erfahrung in lebensgeschichtlichen Interviews, in: BIOS, Nr. 2, Jg. 11 (1998), S. 242-262, hier S. 246.
[32] Folgender Abschnitt wurde entnommen aus: Westermann, Verschwiegenes Leid, 2010 (wie Anm. 1), S. 305f.

organisch toter Mensch geworden ich habe keine Würde nicht mehr, u. ein Mensch, der keine Würde mehr hat, bedeutet auf dieser Welt nichts mehr [...]."[33]

Was in einer geschichtswissenschaftlichen Annäherung versucht werden kann, ist, *einzelne* Aspekte der reichen Wahrnehmungswelt einiger weniger mit aller Vorsicht zu skizzieren. Nicht mehr, denn all die in diesen Quellen sichtbar gewordenen Menschen bewohnen eigene Welten, und das, was sie verbindet, dürfte in vielen Fällen weitaus weniger sein als das, was sie trennt. Gerade angesichts der jahrzehntelangen Ausgrenzung dieser Opfer des „Dritten Reichs" liegt hierin gleichwohl ein hoher kollektivbiographischer „Wert", zumal sich durch die Analyse dieser Quellen viel lernen lässt über die Bedeutung gesellschaftlicher Anerkennung für ehemals verfolgte Menschen.

SCHLUSSBEMERKUNGEN

Um zum Anfang zurückzukommen: Jeder Mensch bewohnt eine „fremde Welt". Diese zu durchschreiten ist nicht möglich. Und aus intellektueller Redlichkeit heraus sollten wir auch nicht so tun, als ob. Wenn wir auch noch so gerne wollen, aus Gründen der Selbstvergewisserung, der „Erkenntnis" oder auch einfach schlicht der Neugierde, wir bleiben vielen Räumen fern. Und schließlich sollten wir aus Respekt und Verantwortung heraus gegenüber diesem Menschen auch nicht alles versuchen, doch noch irgendwelche Ritzen und Spalten zu finden, Türen aufzustoßen und Nicht-Gefundenes mit Spekulation zu kompensieren. Im Zweifel finden und verraten wir mehr von uns in der entstehenden Biographie, sei sie einzel- oder kollektivbiographisch angelegt, als über unseren eigentlichen „Untersuchungsgegenstand".

Was bedeutet das Gesagte über die Möglichkeiten oder vielmehr die Grenzen der Biographik? Ein grundsätzlicher – selbstverständlich klingender, gleichwohl nicht immer aufzufindender – Aspekt betrifft die Notwendigkeit der expliziten Reflexion in biographischen Arbeiten. Diese geht über eine Quellen- und Methodenreflexion insofern hinaus, als dass sie die heuristischen Spezifika biographischen Arbeitens berücksichtigt und sich unter anderem mit der eigenen Haltung gegenüber dem zu untersuchenden Subjekt auseinandersetzt. Eine solche Reflexion ist die intellektuelle Grundlage der Biographie. Was sich darüber hin-

---

[33] Das Zitat wurde einem 11-Seitigen handschriftlichen Brief vom 22.6.1961 entnommen, Amtsgericht Hamburg-Mitte 59 XIII 3/61.

aus rekonstruieren, analysieren, erklären und „verstehen" lässt, muss wohl für jedes biographisch konzipierte Projekt neu verhandelt werden. Hilfreich ist dabei vielleicht eine Art ethnologische Herangehensweise, die die grundsätzliche Fremdheit des Anderen als Ausgangs- *und* Endpunkt nimmt.

Wie umgehen mit den „großen" Ärzten? Entwicklungslinien und Perspektiven der medizinhistorischen Biographik

Richard Kühl

Wenn Medizinhistoriker zeigen wollen, dass die Geschichte der Medizin zu wichtig ist, um sie nur den Medizinern zu überlassen, dann ist dieses Beispiel in der Regel nicht weit.[1] Es gibt jedenfalls kein zweites Genre, das zum Beleg der Indolenz einer von Ärzten für Ärzte betriebenen Medizingeschichtsschreibung mehr Pfeile auf sich gezogen hätte als das ihrer Biographik. Gebracht hat die Kritik an Hagiographie und „Disney history",[2] der Spott gegenüber der „history of great doctors, often done by great doctors, for doctors to feel as great doctors",[3] allerdings nur wenig. Denn ausgestorben ist die Gattung keineswegs.

Vor allem in medizinischen Fachzeitschriften funktionieren, worauf zuletzt der Medizinhistoriker Christoph Gradmann noch einmal hingewiesen hat, die klassischen Narrative der „Helden im weißen Kittel" immer noch, und dies ganz in einer Art und Weise, „als hätte die neuere Wissenschaftsgeschichte gar nicht stattgefunden".[4] Tatsächlich erscheint bereits vor dem Hintergrund der struktu-

---

[1] Diese einleitende Formulierung ist natürlich eine Reminiszenz an den bekannten, seinerseits einem Clemenceau-Zitat entlehnten Satz „Militärgeschichte ist zu wichtig, um sie den Militärs zu überlassen" von Gerd Krumeich. Für vielerlei Anregungen möchte ich mich bedanken bei Tim Ohnhäuser, Christoph Roolf, Alex Hirschmüller, Anke Hoffstadt und Henning Tümmers sowie bei Igor Polianski, der mir die Möglichkeit gegeben hat, die hier verfolgte Argumentation im Rahmen des Wissenschaftlichen Kolloquiums des GTE-Instituts in Ulm vorzustellen. Bedanken möchte ich mich auch bei der Medizinischen Fakultät der Eberhard Karls Universität Tübingen für die Aufnahme in das „fortüne"-Programm, in dessen Rahmen dieser Aufsatz entstanden ist.
[2] Fangerau, Heiner/Polianski, Igor J., Geschichte, Theorie und Ethik der Medizin. Eine Standortbestimmung, in: dies. (Hg.), Medizin im Spiegel ihrer Geschichte, Theorie und Ethik. Schlüsselthemen für ein junges Querschnittsfach (KulturAnamnesen, Bd. 4), Stuttgart 2012, S. 7-13, hier S. 8.
[3] Labisch, Alfons, Medical History in Germany today – a personal view, in: Sakal, Shizu et al. (Hg.), Transaction in medicine & heterenomous modernization – Germany, Japan, Korea and Taiwan, Tokio 2009, S. 17-31, hier S. 28.
[4] Gradmann, Christoph, Jenseits der biographischen Illusion? Neuere Biographik in Wissenschafts- und Medizingeschichte, in: NTM (N. F.) 17 (2009), S. 207-218, hier S. 213. Vgl. zu den nachstehend skizzierten Auffälligkeiten und ihren Charakteristika ebd. sowie ders, Nur Helden in weißen Kitteln? Anmerkungen zur medizinhistorischen Biographik in Deutschland,

rellen Merkmale experimenteller und klinischer Forschung der Gegenwart die Mühelosigkeit bemerkenswert, mit der weiterhin angeknüpft wird an die Vorstellungen eines quasi zeitlosen Arztideals und, so scheint es zumindest, an die Fortschrittsideologeme des späten 19. Jahrhunderts. Gemeint ist damit: die Vorstellung eines trotz aller „Irrwege", „Rückschläge" und „Enttäuschungen" am Ende unaufhaltsamen und in diesem Sinne dann doch linearen Fortschritts der modernen Medizin, der sich entlang der Entdeckungen großer Einzelner erzählen ließe, deren Lebens- und Wirkungsgeschichten wiederum gegenwärtigen und zukünftigen Medizinergenerationen Beispiel und Vorbild seien.

Wie sehr sich innerhalb der Ärzteschaft solcherart anachronistische – und angesichts des *Furor sanandi* der Medizin in der „ambivalenten Moderne" (Zygmunt Bauman) auch bedenkliche[5] – Bilder vom Wesen der eigenen Profession und ihrer Geschichte gehalten haben, lässt sich nicht allein an der ungebrochenen Präsenz hagiographischer Biographik in medizinischen Fachzeitschriften ablesen. Die Jubiläumskultur der Medizin insgesamt legt hiervon ein beredtes Zeugnis ab.[6] Und es wundert insofern nicht, dass die Aufgabe der Erinnerung an die ‚großen Ärzte' weiterhin eine Rolle spielt, mithin an erster Stelle rangiert, wenn heute von ärztlicher Seite nach der Legitimation von Medizingeschichte als Pflichtfach im Medizinstudium gefragt und dies bejaht wird. An ihren Beispielen könnten angehende Ärzte lernen, auf welche Hindernisse Mediziner regelmäßig dann gestoßen seien, wenn es darum ging, „neue Theorien und Methoden zu etablieren", „dass es ‚Neuem' gegenüber immer Missgunst und Häme gegeben hat" und „es immer Protagonisten geben [muss], die mit Ehrgeiz, Leidenschaft und Vehemenz an das Ziel ihrer Forschung und Wissenschaft glauben [...]".[7]

Dass die im deutschsprachigen Raum an den Medizinischen Fakultäten angesiedelte, professionelle Medizinhistoriographie dieser Interpretation ihrer Legitima-

---

in: Bödeker, Hans Erich (Hg.), Biographie schreiben, Göttingen 2003, S. 243-284, hier S. 243 und passim.
[5] Vgl. dazu die Thesen über Medizin und Moderne bei Roelcke, Volker, Entgrenzte Wissenschaft im Nationalsozialismus. Das Beispiel Medizin, in: Kolata, Jens et al. (Hg.), In Fleischhackers Händen. Wissenschaft, Politik und das 20. Jahrhundert, Tübingen 2015, S. 45-65.
[6] Hierzu und zu den Konfliktlinien mit der professionellen Medizinhistoriographie siehe zuletzt Fangerau/Polianski, Geschichte, 2012 (wie Anm. 2), S. 8.
[7] Koehler, Ulrich/Nolte, J. E. S./Kropp, Robert, Warum wir die Geschichte der Medizin als studentisches Lehrfach brauchen, in: Deutsche medizinische Wochenschrift, Nr. 136 (2011), S. 1438-1439, hier S. 1438.

tion in den vergangenen Jahrzehnten in nennenswerter Weise entsprochen hätte, lässt sich sicherlich nicht behaupten. Dies gilt aber nicht nur im Hinblick auf eine Verweigerung hagiographischer Koryphäenpflege, gegenüber deren Ausprägungen innerhalb der Medizin das Fach längst „einen gewissen Leidensdruck" aufgebaut hat.[8] Man konnte in den vergangenen Jahren vielmehr generell den Eindruck gewinnen, dass die Medizinhistoriographie die ‚großen Ärzte' zunehmend aus ihrem Blickfeld verloren hat – ungeachtet ihrer spätestens seit den neunziger Jahren intensiver geführten Diskussionen um eine theoretisch und methodisch reflektierte Biographik[9] und einer Reihe inzwischen vorgelegter innovativer Arbeiten auf diesem Feld.[10] Das lässt sich zum Beispiel an den ‚Klassikern' des 19. Jahrhunderts, den Billroths, Virchows und Kochs, feststellen,[11] wird aber besonders augenfällig beim Blick auf die Forschung zur Ärzteschaft im Dritten Reich: Über die Ikonen der im Nationalsozialismus tätig gewesenen Medizinergenerationen – den vielleicht letzten Generationen überhaupt, die aus zeitgenössischer Sicht wirklich populäre ‚große Ärzte' hervorgebracht haben – wurde bislang nur wenig individualbiographisch geforscht. Nimmt man Monographien zum Maßstab, lässt sich dies umso mehr konstatieren. Ob über Karl

---

[8] Gradmann, Helden, 2003 (wie Anm. 4), S. 248. Zur Kritik zuletzt auch ders., Jenseits, 2009 (wie Anm. 4), bes. S. 208f. u. 213.

[9] Vgl. v.a. Eckart, Wolfgang U./Jütte, Robert, Medizingeschichte. Eine Einführung, Köln u.a. 2007, S. 219ff.; Gradmann, Christoph, Leben in der Medizin. Zur Aktualität von Biographie und Prosopographie in der Medizingeschichte, in: Paul, Norbert/Schlich, Thomas (Hg.), Medizingeschichte. Aufgaben, Probleme, Perspektiven, Frankfurt am Main/New York 1998, S. 243-265; ders., Helden, 2003 (wie Anm. 4); ders., Jenseits, 2009 (wie Anm. 4); Klein, Christian, Zwischen Quelle und Methode. Zum Verhältnis von Medizin und Biographie, in: BIOS. Zeitschrift für Biographieforschung, Oral History und Lebensverlaufsanalysen, Nr. 19 (2006), S. 5-15.

[10] Einige Verweise, hier am Beispiel der medizinhistorischen NS-Forschung, finden sich bei Kühl, Richard/Ohnhäuser, Tim/Westermann, Stefanie, Verfolger und Verfolgte? Einleitendes, in: Dies. (Hg.), Verfolger und Verfolgte. „Bilder" ärztlichen Handelns im Nationalsozialismus (Medizin und Nationalsozialismus, Bd. 2), Münster 2010, S. 7-12, S. 8f.

[11] So sind interessanter Weise diejenigen Biographien über ‚große' Ärzte der Moderne, die zuletzt von Eckart/Jütte, Medizingeschichte, 2007 (wie Anm. 9), S. 13, als Beispiele für „[h]erausragende neuere medizinhistorische Biographien" genannt wurden, nicht aus der institutionalisierten Medizinhistoriographie hervorgegangen: Die große Virchow-Biographie von Constantin Goschler (2002) stammt aus der Feder eines ausgewiesenen ‚Allgemeinhistorikers', die Pasteur-Studie Gerald L. Geisons aus dem Jahr 1995 ist am History Department der University of Princeton entstanden, und die diesen Beispielen hinzugeschlagene medizinhistorische Habilitationsschrift Christoph Gradmanns über die Etablierung der Bakteriologie wiederum will ausdrücklich „nicht als Biographie" Robert Kochs gelten. Gradmann, Christoph, Krankheit im Labor. Robert Koch und die medizinische Bakteriologie, Göttingen 2005, S. 11.

Heinrich Bauer, August Bier, Werner Forßmann oder Ferdinand Sauerbruch – über keinen von ihnen liegt bis heute eine historisch-kritische Biographie vor.

Dieser Befund ist nicht allein vor dem Hintergrund der jüngeren Methodendebatten und der seit den achtziger Jahren von Medizinhistorikern so intensiv erforschten Rolle von Medizin und Ärzteschaft im Nationalsozialismus einigermaßen erstaunlich.[12] Offenbar hat sich irgendwann in den letzten dreißig Jahren auch eine medizinhistoriographische Tradition lautlos verabschiedet. Für Generationen von Medizinhistorikern gehörte bekanntlich die Beschäftigung mit den ‚Großen' der Medizingeschichte zu den reizvollsten Möglichkeiten, die ihnen das Fach bot – man denke etwa an die im Einzelfall, beispielsweise der Virchow-Forschung, im Abstand mithin von Dezennien erneuerte Praxis biographischer Annäherung oder, was ihren Stellenwert in einzelnen ‚Schulen' betrifft, an die medizinhistorische Sozialgeschichte Sigeristscher Prägung.[13]

So naheliegend es auch ist, das Verschwinden der Tradition einer Biographik der ‚Großen' innerhalb der institutionalisierten Medizinhistoriographie mit ihrem disziplinären Wandel in den achtziger Jahren – der methodischen, forschungsprogrammatischen und schließlich auch personellen Öffnung der zuvor von Medizinern geprägten Disziplin hin zur ‚allgemeinen' Geschichtswissenschaft – in einen kausalen Zusammenhang zu bringen, so berechtigt erscheint in der Zwischenzeit die Frage, ob derartige Erklärungen nicht zu kurz greifen.[14] So hat Christoph Gradmann unlängst und wohl zu Recht die Frage aufgeworfen, ob sich hieran nicht noch ein ganz anderes „Grundproblem" aktueller Medizingeschichtsschreibung festmachen lasse.[15] Denn fraglos spielte für die alten Medizinhistoriker eine Rolle, dass man mit den ‚großen Ärzten' über die Fachöffentlichkeit und interessierte Ärzte hinaus ein breites Publikum für medizinhistorische Themen zu erreichen vermochte. Dieses Publikumsinteresse an bekannten

---

[12] Zum Forschungsstand: Jütte, Robert in Verb. mit Eckart, Wolfgang U./Schmuhl, Hans-Walter/Süß, Winfried (Hg.), Medizin und Nationalsozialismus. Bilanz und Perspektiven der Forschung, Göttingen 2011; Eckart, Wolfgang U., Medizin in der NS-Zeit, Göttingen 2012.
[13] Sigerist, Henry E., Große Ärzte. Eine Geschichte der Heilkunde in Lebensbildern, 4., durchges. u. verm. Aufl., München 1959.
[14] Dies bereits angesichts der spätestens seit den 2000er Jahren gegenläufigen Entwicklungen in der allgemeinen Geschichtswissenschaft auf biographischem Feld. Siehe am Beispiel der NS-Geschichte: Koll, Johannes, Biographik und NS-Forschung, in: Neue Politische Literatur 57 (2012), S. 67-127.
[15] Gradmann, Jenseits, 2009 (wie Anm. 4), S. 216.

Namen der Medizingeschichte sei wohl auch weiterhin „groß, aber die Bereitschaft, in ihre Erforschung zu investieren, bleibt alles in allem gering".[16] Der vorliegende Beitrag unternimmt den Versuch, dieses „Grundproblem" aktueller medizinhistorischer Forschung näher einzukreisen und genauer zu fassen. Auf der Suche nach Erklärungen für das Verschwinden dieser einstigen Spezialität des Faches werden zunächst in groben Zügen die Entwicklungslinien des biographischen Genres innerhalb der deutschsprachigen Medizinhistoriographie nachgezeichnet. Es soll versucht werden, etwaige Bruchstellen aus der Geschichte des Faches heraus näher zu bestimmen, wobei den rezenten Entwicklungen ebenso Rechnung zu tragen ist. Ob es sich über Fragen der öffentlichen Wahrnehmung medizinhistorischer Forschung hinaus lohnen kann, Perspektiven für eine ‚Wiederentdeckung der Großen' zu entwickeln, soll abschließend zur Disposition stehen.

Mit dem Fokus auf den deutschsprachigen Raum konzentriert sich der Beitrag zugleich auf eine spezifische Variante institutionalisierter Medizinhistoriographie. Anders als etwa in Frankreich, Großbritannien oder den USA,[17] bewegte – und bewegt – sie sich infolge ihrer alleinigen universitären Verankerung an den Medizinischen Fakultäten stets in einem Spannungsfeld der Legitimation gegenüber der jeweils aktuellen Medizin auf der einen Seite, der Orientierung an den Geistes- respektive den Geschichtswissenschaften auf der anderen. Problematisiert wird dieses Spannungsverhältnis im Folgenden auf dem Hintergrund eines in der Geschichte des Faches mit einiger Regelmäßigkeit wiederkehrenden Musters: Demnach stehen Fragen einer genuin geschichtswissenschaftlichen Adressierung und die Relevanz solcher Desiderate, die nicht durch aktuelle Probleme der Medizin, sondern aus historiographischen Forschungssituationen selbst heraus sichtbar werden, in einem Abhängigkeitsverhältnis von dem jeweils aktuellen Grad der ‚Medikalisierung' von Medizingeschichtsschreibung.[18]

---

[16] Ebd., S. 216f. Dies gelte ebenso für die Technikgeschichte und die Geschichte der Naturwissenschaften.

[17] Roelcke, Volker, Die Entwicklung der Medizingeschichte seit 1945, in: NTM (N. F.) 2 (1994), S. 193-216, hier S. 197f.

[18] Umgekehrt sorgten, wenn man so will, Phasen vorherrschender Orientierungen an den Geisteswissenschaften für eine Vergrößerung der Kluft zwischen Medizingeschichte und der jeweils „aktuellen Medizin". Vgl. Leven, Karl-Heinz, „Das Banner dieser Wissenschaft will ich aufpflanzen". Medizinhistorische Zeitschriften in der zweiten Hälfte des 19. und zu Beginn des 20. Jahrhunderts, in Frewer, Andreas/Roelcke, Volker (Hg.), Die In-

I

Angesichts ihres traditionellen Stellenwerts in der Geschichte der Medizinhistoriographie nimmt es nicht wunder, dass die Frage der Biographik immer wieder in das Zentrum der Auseinandersetzungen um die prinzipiellen Aufgaben und das Selbstverständnis des Faches führte. In verdichteter Form schienen hier immer wieder die grundlegenden Potenziale, aber auch die grundsätzlichen Probleme medizinhistorischer Forschung auffindbar. Tatsächlich stand die Biographik gerade in ‚Generalabrechnungen' mit der eigenen Disziplin – ein in der Fachgeschichte wiederkehrendes Phänomen, beinahe ein Genre für sich – häufig im Mittelpunkt. Das war auch der Fall bei dem Hamburger Medizinhistoriker Charles Lichtenthaeler (1915-1993), als er in seinen zu Beginn der siebziger Jahre publizierten Vorlesungen zu einer umfassenden Kritik an der „modernen" medizinhistorischen Forschung ansetzte.[19] Eine Diskussion seiner unter den Kollegen damals für erhebliche Irritationen sorgenden Ausführungen[20] soll in diesem ersten Teil dabei behilflich sein, zunächst die Entwicklungen bis in die Vorphase der disziplinären Transition der achtziger Jahre zu überschauen.

Die „moderne" Medizinhistoriographie pflege, so damals der Tenor Lichtenthaelers, auf denkbar unreflektierte Weise ein affirmatives Verhältnis zur Gegenwart. Über ihr methodisches und theoretisches Rüstzeug brauche man überhaupt kein weiteres Wort zu verlieren, denn das Kernproblem sei ideologischer Art: ein Szientismus und ein „Progressismus", der die Zugänge zu mehr oder weniger allen Untersuchungsfeldern präge und einhergehe mit einer an Kontexten desinteressierten Verengung des Blickfelds („Geschichtsblindheit").[21] Die medizinhistorische Biographik diente Lichtenthaeler deshalb als Referenz, weil ihm gerade hier eine ideell-szientistische Anteilnahme symptomatisch schien. Sie sei hochproblematisch, denn: „Von dieser Philosophie aus bildet die gesamte Vergangenheit lediglich eine Vorstufe der Gegenwart. [...] Die fortschrittlichen alten Ärzte werden demzufolge zu ‚Vorgängern' oder ‚Vorläufern'

---

stitutionalisierung der Medizinhistoriographie. Entwicklungslinien vom 19. ins 20. Jahrhundert, Stuttgart 2001, S. 163-185 (hier S. 183), der diesen Zusammenhang am Beispiel der Geschichte von *Sudhoffs Archiv* anschneidet.

[19] Lichtenthaeler, Charles, Geschichte der Medizin, Bd. 1, Köln-Lövenich 1974; ders., Geschichte der Medizin, Bd. 2, 3., verb. u. erg. Aufl., Köln-Lövenich 1982.

[20] Siehe die Rezeptionsverweise bei Bickel, Marcel, H., Die Lehrbücher und Gesamtdarstellungen der Geschichte der Medizin 1696-2000. Ein Beitrag zur medizinischen Historiographie, Basel 2007, S. 65.

[21] Lichtenthaeler, Geschichte, 1974 (wie Anm. 19), Zitat S. 28.

der Modernen; unsere heutigen Kenntnisse besitzen sie teilweise ‚schon', teilweise ‚noch nicht'. [...] Im Kielwasser dieser Philosophie mußte die ‚moderne' Medizingeschichte zu einer konsequent gegenwartsbezogenen Medizingeschichte werden. Die ‚modernen' Medizinhistoriker befassen sich zwar mit der medizinischen Vergangenheit, aber sie gelangen dabei über sich selbst nicht hinaus."[22]

In seinem Rundumschlag ließ der Hamburger Ordinarius keinen Zweifel daran, dass seine Kritik auch noch die Medizinhistoriographie seiner eigenen Gegenwart einschloss.[23] Das Fach habe sich nicht von einem Selbstverständnis befreien können, das von der Mitte des 19. Jahrhunderts an konstitutiv gewesen sei.

Lichtenthaeler benannte damit eine historische Umbruchsituation, in der die praktische Relevanz der Beschäftigung mit den ‚großen Ärzten' der Geschichte grundsätzlich wegzufallen begann. Bis dahin, also bis etwa in die 1840er Jahre, hatte diese Beschäftigung ganz selbstverständlich zur ärztlichen Ausbildung gehört. Viele Schriften aus der Antike waren kanonisiert, weil ihre Krankengeschichten häufig noch in unmittelbarer inhaltlicher Hinsicht als ‚aktuell' rezipiert wurden; das galt insbesondere für die Hippokratischen Schriften, die in der westlichen Welt noch „integraler Teil der Ars medica" waren.[24] Als in der zweiten Hälfte des 19. Jahrhunderts diese Verbindung zwischen der Medizin vergangener Epochen und der Gegenwart infolge des Einbruchs der Naturwissenschaften in die Medizin abriss, war es damit vorbei. Die Abkehr vom humoralpathologischen Konzept, das Aufkommen der Labormedizin und der rasant verlaufende Prozess der Ausbildung lauter neuer, naturwissenschaftlich „exakt"

---

[22] Lichtenthaeler, Geschichte, 1982 (wie Anm. 19), S. 556 (Hervorh. i. Orig.).
[23] Provokativ wirken musste bereits das programmatische Vorwort – eröffnet mit: „Eine neue ‚Geschichte der Medizin'? Allerdings." –, ebenso die Nennung seiner wichtigsten Referenzen – vor allem Historiker und Kunsthistoriker, ausdrücklich, mit Ausnahme von Erwin Ackerknecht, keine Medizinhistoriker – und schließlich der Anspruch, „das Werk eines Historikers" und dem Fach Medizingeschichte ein „Beitrag zu notwendiger Neubesinnung" zu sein. Zitate Lichtenthaeler, Geschichte, 1974 (wie Anm. 19), S. 21, 26 u. 32.
[24] Vgl. Toellner, Richard, Der Funktionswandel der Wissenschaftshistoriographie am Beispiel der Medizingeschichte des 19. und 20. Jahrhunderts, in: Bröer, Ralf (Hg.), Eine Wissenschaft emanzipiert sich. Die Medizinhistoriographie von der Aufklärung bis zur Postmoderne (Neuere Medizin- und Wissenschaftsgeschichte, Bd. 9), Pfaffenweiler 1999, S. 175-187, hier S. 181f., Zitat S. 182; Labisch, Alfons, Geschichte der Medizin – Geschichte in der Medizin, in: Vögele, Jörg/Fangerau, Heiner/Noack, Thorsten (Hg.), Geschichte der Medizin – Geschichte in der Medizin. Forschungsthemen und Perspektiven (Medizingeschichte, Bd. 2), Hamburg 2006, S. 13-26, hier S. 14.

arbeitender medizinischer Teildisziplinen – dieser tiefgreifende Umbruch ließ in den Augen der nach der Jahrhundertmitte mit breiter Brust nach vorn schauenden Ärztegenerationen Medizingeschichte zunehmend als verzichtbar erscheinen.[25] Genau hier, an dieser Zeitenwende, setzte die Kritik Lichtenthaelers an der nun eingenommenen Rolle des Faches an. Von hier an sei die bis dahin selbstverständliche Aufgabe, für aktuelle Zwecke eine „Verkettung zwischen Neu und Alt [...] herauszustellen", zur *„Tendenzgeschichte"* geworden.[26]

Ein solcher Hang zur „Tendenzgeschichte" zeigte sich fraglos in deutlicher Weise, als Medizinhistoriker den „Siegeszug" der naturwissenschaftlichen Medizin und seiner Protagonisten nun in einen monumentalisierenden Rahmen stellten. Auf dem Gebiet der Biographik brach die Zeit der großen Enzyklopädien „hervorragender" Ärzte an,[27] die Zeit der populären Editionen von Egodokumenten berühmter zeitgenössischer Mediziner.[28] Und auch im Licht neuerer Studien zur Geschichte des Faches muss man Lichtenthaeler darin zustimmen, dass sich Medizinhistoriographie an den Medizinischen Fakultäten in Deutschland auf diese Weise ins 20. Jahrhundert rettete: als eine sich an ihren Interpretamenten und Ikonen nach quasi utilitaristischen Gesichtspunkten abarbeitende „Legitimationswissenschaft" einer positivistisch ausgerichteten Heilkunde.[29]

Interessanterweise überging Lichtenthaeler dabei die um 1900 parallel zur Institutionalisierung von Medizingeschichte in Form von Fachgesellschaften, Fachzeitschriften und ersten Universitätsinstituten[30] allmählich laut werdende Kritik einer so verstandenen Funktionalisierung von Medizingeschichtsschreibung. So fand bei Lichtenthaeler auch eine frühe und ungleich berühmtere ‚Generalabrechnung' eines Medizinhistorikers mit dem eigenen Fach keine Erwähnung.

---

[25] Vgl. Huerkamp, Claudia, Der Aufstieg der Ärzte im 19. Jahrhundert (Kritische Studien zur Geschichtswissenschaft, 68), Göttingen 1985, S. 103f.; auch von Engelhardt, Dietrich, Phasen, Positionen und Perspektiven der Medizinhistoriographie in Deutschland, in: Medicina nei secoli (N. S.) 10 (1998), S. 209-225, hier S. 214 u. 222.
[26] Lichtenthaeler, Geschichte, 1982 (wie Anm. 19), S. 557 (Hervorh. i. Orig.).
[27] Am bekanntesten aus dieser frühen Phase ist sicher die von dem Medizinhistoriker August Hirsch in den 1880er Jahren auf den Weg gebrachte Edition des „Biographischen Lexikons der hervorragenden Ärzte aller Völker und Zeiten" (1884ff.).
[28] Ungemein populär waren etwa die „Billroth-Briefe" (1895) oder die „Jugenderinnerungen" Kußmauls (1899), deren Editionen innerhalb kürzester Abstände vermehrte Nachfolgeauflagen notwendig machten.
[29] Vgl. Toellner, Funktionswandel, 1999 (wie Anm. 24), bes. S. 183.
[30] Eingehend dazu: Frewer, Andreas/Roelcke, Volker (Hg.), Die Institutionalisierung der Medizinhistoriographie. Entwicklungslinien vom 19. ins 20. Jahrhundert, Stuttgart 2001.

Angesprochen ist die Leipziger Antrittsvorlesung Karl Sudhoffs (1853-1938) aus dem Jahr 1906, deren Stoßrichtung eigentlich in vielerlei Hinsicht mit den von Lichtenthaeler formulierten Kritikpunkten in Einklang gebracht werden kann: Medizinhistoriographie, hatte der damals bereits zum Nestor des Faches avancierte Sudhoff gemeint,[31] sei noch viel zu sehr „eine *Zufalls*wissenschaft [...] ohne rechte planmäßige Durcharbeitung und Methode". Sie werde erst noch lernen müssen, sich „unabhängig von allen Aufgaben und Sorgen des Tages und frei von allem Seitwärtsschielen nach den Reklameschildern der Nützlichkeit und augenblicklichen Verwendbarkeit" zu halten.[32] Es scheint zudem so, als hätte Sudhoff ähnlich wie Lichtenthaeler siebzig Jahre später zuallererst an das biographische Genre gedacht, als er mahnte, es gelte „alle ‚populären' Artikel" zu vermeiden: Wenn Medizingeschichte es schaffen wolle, „ihre *eigenen* Wege" zu gehen, dann müsse dies „unbekümmert um das Naserümpfen der Schönredner im Arbeitsgewande des Alltags, die nur in Feierstunden sich in Schönheit hüllt [...]", geschehen. Publizistisch bedeutet dies die Verpflichtung, „nur fachmännische Gesichtspunkte, nicht etwa feuilletonistische der Unterhaltung oder gar Belustigung des Lesers, wie üblich, zum Lobe der Gegenwart auf Kosten der Vergangenheit", zu bedienen.[33]

Mit der Begründung, man werde Eigenständigkeit und wirkliches Ansehen niemals erlangen können, wenn es den Vertretern des Faches nicht gelinge, „als vollwertige Historiker gelten zu können", war es in den Jahren bis zum Ersten Weltkrieg weiterhin vor allem Sudhoff, der sich um den Gang der Kollegen in die Archive, methodische Reflexionen in der Quellenkritik, die Teilnahme an Historikerkongressen und die Aufnahme entsprechender Kontakte bemühte.[34] Dass in der Forschung zunächst einmal gerade nicht der Mediziner, sondern der (Medizin-)Historiker der vorrangige Adressat sein solle, war dabei die Maxi-

---

[31] Zu Sudhoff näher: Frewer, Andreas, Biographie und Begründung der akademischen Medizingeschichte. Karl Sudhoff und die Kernphase der Institutionalisierung 1896-1906, in: Frewer/Roelcke (Hg.), Institutionalisierung, 2001 (wie Anm. 30), S. 103-126.
[32] Sudhoff, Karl, Richtungen und Strebungen in der medizinischen Historik. Ein Wort zur Einführung, Verständigung und Abwehr, in: Archiv für Geschichte der Medizin (Sudhoffs Archiv) 1 (1907), S. 1-11, Zitate S. 3 u. 5.
[33] Sudhoff, Karl, Richtungen und Strebungen, 1907 (wie Anm. 32), S. 6f.
[34] Vgl. vom Brocke, Bernhard, Die Institutionalisierung der Medizinhistoriographie im Kontext der Universitäts- und Wissenschaftsgeschichte, in: Frewer/Roelcke (Hg.), Institutionalisierung, 2001 (wie Anm. 30), S. 187-212, S. 204ff., Zitat S. 207.

me.[35] Hierauf wollte Sudhoff auch die 1907 von ihm gegründete Zeitschrift *Archiv für Geschichte der Medizin* (später: *Sudhoffs Archiv*) verpflichtet wissen, was allerdings schon bald nicht ohne Widerspruch blieb. An der frühen Geschichte von *Sudhoffs Archiv* lässt sich vielmehr beobachten, wie einem solchen Versuch der ‚De-Medikalisierung' des Faches eine Generation später die (interne) Kritik an einem infolgedessen ‚gefühlt' vergrößerten Abstand zur gegenwärtigen Medizin auf dem Fuße folgen sollte.[36]

Bei Lichtenthaeler findet sich von Sudhoffs früher Kritik kein Wort. Dies jedoch nicht unbedingt ungerechter Weise. Denn so konsequent wie von Sudhoff eingefordert, ließ sich das Fach nicht reformieren – was Sudhoff auch von Anfang an, die Legitimationsinstanz Medizin vor Augen, klar gewesen zu sein scheint.[37] So konnte bei aller forsch artikulierten programmatischen Neuformierung nur bedingt von einem wirklichen Kurswechsel, von einer Abkehr vom „wilden Dilettantismus" (Walter von Brunn sen., 1876-1952) des 19. Jahrhunderts, die Rede sein. Das zeigt auch der Blick in die ersten Jahrgänge von Sudhoffs Zeitschrift. Zwar wurden dort durchaus vermehrt historiographische Fragen wie der Wandel von Krankheitsbildern an sich oder die Geschichte medizinischer Ideen, Begriffe und Theorien ohne applikatorische Einrahmung angegangen.[38] Doch war zugleich unübersehbar, wie sehr man die alten Zugänge weiterhin mitschleppte

---

[35] Vgl. Leven, „Banner", 2001 (wie Anm. 18), S. 171ff.
[36] Das war auch der Grund für Henry Sigerist, Ende der zwanziger Jahre *Sudhoffs Archiv* als „farblosen Abladeplatz für wissenschaftliche Arbeit" ohne nennenswerte Anbindung an die gegenwärtigen Probleme der Medizin zu kritisieren. Zit. nach ebd., S. 177.
[37] Zum doppelten Boden der Sudhoff-Rhetorik, der überdies immer wieder Kollegen vorschickte, die sich im applikatorischen Sinne über die Aufgaben des Faches Medizingeschichte äußern sollten, tatsächlich aber wohl eine Unterscheidung von direkten Nützlichkeitserwägungen für die Gegenwart in der Lehre – hier seien sie sinnvoll – und in der Forschung – hier seien sie abzulehnen – durchsetzen wollte, vgl. Kümmel, Werner Friedrich, Vom Nutzen eines „nicht notwendigen Faches". Karl Sudhoff, Paul Diepgen und Henry E. Sigerist vor der Frage „Wozu Medizingeschichte?", in: Toellner, Richard/Wiesing, Urban (Hg.), Geschichte und Ethik in der Medizin. Von den Schwierigkeiten einer Kooperation (Medizin-Ethik, Bd. 10), Stuttgart u.a. 1997, S. 5-16, hier S. 8ff..; ders., „Dem Arzt nötig oder nützlich?" Legitimierungsstrategien der Medizingeschichte im 19. Jahrhundert, in: Frewer/Roelcke (Hg.), Institutionalisierung, 2001 (wie Anm. 30), S. 75-89, hier S. 87.
[38] Ein Blick in die maßgeblichen Lehrbücher zwischen Jahrhundertwende und Weltkrieg zeigt zudem, dass einzelbiographische Ansätze weithin begrenzt waren auf eine entsprechende Verbindung zu bestimmten „Lehren" – siehe etwa Neuburger, Max, Geschichte der Medizin, 2 Bde, Stuttgart 1906f., oder Pagel, Julius Leopold, Einführung in die Geschichte der Medizin in 25 akademischen Vorlesungen, 2. Aufl., durchges., teilw. erw. u. auf den heutigen Stand gebracht von Karl Sudhoff, Berlin 1915 –, ein Zugang, an dem Einführungen in die Geschichte der Medizin bis heute nicht vorbeikommen.

und wie wenig sich der eingeforderte Dialog mit der Zunft der Historiker inhaltlich niederschlug.[39] Auch gelang es der Sudhoff-Generation insgesamt nicht, das fortschritts-medizinische Selbstverständnis ideell hinter sich zu lassen.[40] Wie sehr dies auch auf die nachfolgende Generation zutraf, zeigte sich gerade auf biographischem Feld und charakteristischer Weise in dem Moment, als mit der „Krise" der Schulmedizin nach dem Ersten Weltkrieg die alten „Fortschritts"-Ideologeme eigentlich „größere Risse" bekommen hatten.[41] Es war in der Medizinhistoriographie der zwanziger Jahre vor allem Henry Sigerist (1891-1957), der hierauf konzeptionell reagierte. Der „Krise der Medizin"[42] begegnete er in Form einer Kritik von Sudhoffs Defunktionalisierungsbemühungen und stellte diesen das Programm eines „Janusgesichts" der Disziplin entgegen.[43] – „Janusgesicht", damit war nicht der Januskopf der Medizin oder gar der modernen Medizin im Speziellen gemeint, sondern die Forderung nach einer wieder stärkeren Betonung der Bedeutung eines doppelten Blicks des Medizinhistorikers auf Vergangenheit und Gegenwart, und dies im Angesicht der „Krise der Medizin" mit Betonung auf Letzterem, der Gegenwart. Denn das Fach sei „in eine entscheidende Phase getreten":

> „Von der lebendigen Heilkunde zur Mitarbeit aufgerufen, wird sie zeigen müssen, ob sie imstande ist, diesem Ruf zu folgen, ob sie fähig ist, tätigen Anteil zu nehmen an der Lösung der großen Probleme, die heute die Ärztewelt beschäftigen. Aber die Geschichte der Medizin trägt einen Januskopf. Das eine Antlitz schaut mit den Augen des Arztes in die Zukunft, das andere ist rückwärts gewandt. Mit den Augen des Historikers sucht es das Dunkel der Vergangenheit zu lichten. Und auch hier wird die Geschichte der Medizin ihre Probe zu bestehen haben. Sie wird auch hier zeigen müssen, ob die Wiedergeburt des Geistes, die wir heute auf allen Gebieten erleben, an ihr vorübergegangen ist, ob sie in rein positivistischer Weise

---

[39] Vgl. dazu bereits Heischkel, Edith, Die Geschichte der Medizingeschichtsschreibung, in [Anhang zu]: Artelt, Walter, Einführung in die Medizinhistorik. Ihr Wesen, ihre Arbeitsweise und ihre Hilfsmittel, Stuttgart 1949, S. 202-237, hier S. 237 (in Bezug auf Standardwerke dieser Zeit von Pagel bis Sudhoff).
[40] Vgl. Toellner, Funktionswandel, 1999 (wie Anm. 24).
[41] Eckart/Jütte, Medizingeschichte, 2007 (wie Anm. 12), S. 25.
[42] Vgl. dazu immer noch: Klasen, Eva-Maria, Die Diskussion um eine „Krise" in der Medizin in Deutschland 1925-1930, Diss. med. Univ. Mainz 1984.
[43] Vgl. Kümmel, Werner F[riedrich], „Ein Instrument medizinischen Lebens". Henry E. Sigerist und die Frage „Wozu Medizingeschichte?", in: Gesnerus 58 (2001), S. 201-214, hier S. 209.

Tatsache an Tatsache reihen will, oder ob sie befähigt ist, die Vergangenheit zu deuten, sie zu beleben und fruchtbar zu machen für eine bessere Zukunft."[44]

Gerade in der Erinnerung an große Arztpersönlichkeiten erblickte Sigerist Potenziale, Medizingeschichte „zu beleben" und sie für eine geistige „Wiedergeburt" „fruchtbar zu machen".[45] Bei aller erklärten Ablehnung positivistischer Geschichtsbilder ging es Sigerist bei der Hinwendung zum biographischen Genre jedoch keineswegs um eine Historisierung der ‚großen' Ärzte der Geschichte, sondern um ihre Eternisierung. Denn auch wenn Gesellschaften, klinische Methoden und die medizinische Wissenschaften sich fortlaufend veränderten – „ewig" bleibe doch „das Wesen des wahren Arzttums".[46] Deshalb liege auch nicht „eine Welt zwischen uns und jenen großen Männern."

Die Aufhebung des historischen Abstands zu den Porträtierten durch die Beschwörung einer vorgeblich immerwährenden ideellen Kontinuität sollte „[d]em unbekannten Arzt, der in selbstloser, stiller Arbeit die Lehren der großen Ärzte verwirklicht", zugedacht sein und explizit den Charakter einer quasi-sakralen „Sendung" haben:

> „Es sind auserwählte Menschen, die, des göttlichen Funkens teilhaftig, Ideen, die zumeist in der Luft lagen, erfühlt, erfaßt und in zäher Arbeit gestaltet haben, so daß sie bewußt und verwendbar wurden. [...] Aus unserer Mitte sind sie hervorgegangen, Ärzte wie wir. [...] Daß ihnen Höchstes zu schaffen vergönnt war, macht sie zu unseren Meistern und Vorbildern, an denen wir uns immer wieder aufrichten können, wenn der Alltag unsern Glauben an die Göttlichkeit unsrer Sendung zu ersticken droht."[47]

Damit stand Sigerist im Fach keineswegs allein. In den zwanziger Jahren fiel gerade infolge eminenter Zweifel am positivistischen Geschichtsverständnis der Medizin des 19. Jahrhunderts das Bild eines der Geschichte enthobenen, konstanten ‚Wesens' des ‚wahren' Arztes unter Medizinhistorikern auf fruchtbaren

---

[44] Zit. nach Ackerknecht, Erwin H., Rezension von Owsei Temkin, The double face of Janus. Gesnerus 34 (1977), S. 421-424, S. 421.
[45] Vgl. dazu bereits Bröer, Ralf, Medizinhistoriographie im Dienst der Utopie. Henry E. Sigerists Sozialgeschichte des ärztlichen Berufes, in: ders. (Hg.), Eine Wissenschaft emanzipiert sich. Die Medizinhistoriographie von der Aufklärung bis zur Postmoderne, Pfaffenweiler 1999, S. 249-259, hier S. 254f.
[46] Sigerist, Ärzte, 1959 [EA 1931] (wie Anm. 13), S. 12.
[47] Ebd., S. 9f.

Boden.[48] Eine mit Hippokrates beginnende Linie ‚großer Ärzte' durch die Zeit zu ziehen und diese zu beschwören, schien den Protagonisten nicht nur ein strategisch wertvolles Mittel in der „Krise der Medizin", „der verblassenden Gestalt des Arztes wieder scharfen Umriß und volle Farben zu geben".[49] Es gebe zwar in der Tat, schrieb der in Frankfurt Medizingeschichte lehrende Richard Koch (1882-1949), auch eine „zeitliche bewegliche Komponente" im medizinischen Denken, daneben aber „eine ewige, unbewegliche", und diese „unbewegliche tritt uns nun nirgends eindringlicher entgegen, als in dem schriftlich niederlegten Denken großer Ärzte".[50]

Es erstaunt insofern nicht, dass diese Generation von Medizinhistorikern – wie allerdings die zeitgenössische Rezeption insgesamt[51] – wenig anfangen konnte mit den Arbeiten Ludwik Flecks (1896-1961) aus den dreißiger Jahren zum wissenschaftlichen „Denkstil" oder später mit Thomas Kuhns (1922-1996) Zugängen zur Medizingeschichte, die das diskontinuierliche Moment wissenschaftlichen Denkens betonten. Beide nahmen (sozial-)konstruktivistische Ansätze vorweg und sollten Jahrzehnte später beileibe nicht nur im Kontext der Wiederbelebung der wissenschaftshistorischen Biographie eine bedeutende Rolle spielen.[52] Das Flecksche Werk aber war, so meinte sein Zeitgenosse, der bedeutende Sigerist-Schüler Erwin H. Ackerknecht (1906-1988), auf den Rang einer Modeerscheinung zu reduzieren. Es sei Ausdruck einer (vermeintlichen) „Blütezeit

---

[48] Vgl. hierzu am Beispiel der Schriften verschiedener Medizinhistoriker der zwanziger Jahre Wiesing, Urban, Die Persönlichkeit des Arztes und das historische Selbstverständnis der Medizin. Zur Medizintheorie von Ernst Schweninger, Georg Honigmann und Erwin Liek, in: Medizinhistorisches Journal 31 (1996), S. 181-209; ders. Die Einsamkeit des Arztes und der „lebendige Drang nach Geschichte". Zum historischen Selbstverständnis der Medizin bei Richard Koch, in: Gesnerus 54 (1997), S. 219-241.
[49] Richard Koch, zit. nach Wiesing, Einsamkeit, 1997 (wie Anm. 48), S. 234.
[50] Zit. nach ebd., S. 232.
[51] Vgl. Schäfer, Lothar/Schnelle, Thomas, Ludwik Flecks Begründung der soziologischen Betrachtungsweise in der Wissenschaftstheorie, in: Fleck, Ludwik, Entstehung und Entwicklung einer wissenschaftlichen Tatsache. Einführung in die Lehre vom Denkstil und Denkkollektiv, Frankfurt am Main 1980, S. VII-XLIX.
[52] Fleck, Ludwik, Entstehung und Entwicklung einer wissenschaftlichen Tatsache. Einführung in die Lehre vom Denkstil und Denkkollektiv, Frankfurt am Main 1980 (EA 1935); Kuhn, Thomas S., The Structure of Scientific Revolutions, Chicago 1962.

des Relativismus",⁵³ und Kuhns Anatomie wissenschaftlicher „Revolutionen" galt Ackerknecht folgerichtig als Schaumschlägerei.⁵⁴

Die im Nationalsozialismus betriebene ‚Germanisierung' ‚großer Ärzte' und deren Stilisierung zu heroischen ‚Kampfnaturen' knüpfte bei aller ideologischen Umkodierung an dieses Ideologem der Eternisierung ‚wahren' ärztlichen ‚Wesens' an.⁵⁵ Spielten in der NS-Propaganda lebende Legenden wie Sauerbruch eine herausgehobene Rolle,⁵⁶ dominierten in der medizinhistoriographischen Literatur nach 1933 die kompromiss- und rücksichtslosen historischen Autoritäten wie Paracelsus.⁵⁷ Nicht alle Vertreter der Zunft gingen dabei derart versatzstückartig vor wie der Mitherausgeber der Zeitschrift *Ewiges Arzttum*, Bernward Josef Gottlieb (1910-2008), und sein Kollege Alexander Berg (1911-?), beides SS-Medizinhistoriker und Habilitanden des nach 1933 zum Doyen des Faches aufgestiegenen Berliner Lehrstuhlinhabers für Medizingeschichte Paul Diepgen (1878-1966).⁵⁸ In ihrem 1942 erschienenen, opulenten Bildtextband *Das Antlitz des germanischen Arztes in vier Jahrhunderten* hatten sie, was das rhetorische Repertoire betrifft, durchaus mit denselben Versatzstücken einer

---

⁵³ So der Medizinhistoriker noch zu Beginn der achtziger Jahre anlässlich einer Neuauflage von Flecks Werk. Ackerknecht, Erwin H., Rezension von Ludwik Fleck, Genesis and Development of a Scientific Fact. Gesnerus 39 (1982), S. 306.
⁵⁴ Siehe ebd.
⁵⁵ Vgl. Bruns, Florian, Medizinethik im Nationalsozialismus. Entwicklungen und Protagonisten in Berlin (1939-1945) (Geschichte und Philosophie der Medizin, Bd. 7), Stuttgart 2009, S. 78ff.
⁵⁶ Dazu Eckart, Wolfgang U., „Der Welt zeigen, dass Deutschland erwacht ist …" Ernst Ferdinand Sauerbruch und die Charité-Chirurgie 1933-1945, in: Schleiermacher, Sabine/Schagen, Udo (Hg.), Die Charité im Dritten Reich. Zur Dienstbarkeit medizinischer Wissenschaft im Nationalsozialismus, Paderborn u.a. 2008, S. 189-206; Dewey, Marc et al., Ernst Ferdinand Sauerbruch and his Ambiguous Role in the Period of National Socialism, in: Annals of Surgery 244 (2006), S. 315-321.
⁵⁷ Vgl. Eckart, Wolfgang U., Geschichte der Medizin. Fakten, Konzepte, Haltungen, 6., völlig neu bearb. Aufl., Heidelberg 2009, S. 111; ders., Medizinische Forschungspolitik und Forschungsschwerpunkte, in: Jütte, Medizin, 2011 (wie Anm. 12), S. 149-178, hier S. 168. Zu den nationalsozialistischen Umformungen des Arztbildes vgl. paradigmatisch auch Grande, Jasmin, Hellmuth Unger – Schriftsteller, Arzt, Propagandist des „Dritten Reichs", in: Kühl, Richard/Ohnhäuser, Tim/Schäfer, Gereon (Hg.), Verfolger und Verfolgte. „Bilder" ärztlichen Handelns im Nationalsozialismus, Berlin u.a. 2010, S. 195-210.
⁵⁸ Zu Gottlieb und Berg vgl. Mörgeli, Christoph/Jobmann, Anke, Erwin H. Ackerknecht und die Affäre Berg/Rath von 1964. Zur Vergangenheitsbewältigung deutscher Medizinhistoriker, in: Medizin, Gesellschaft und Geschichte 16 (1997), S. 63-124, hier S. 74 ff.; Bruns, Florian/Frewer, Andreas, Fachgeschichte als Politikum: Medizinhistoriker in Berlin und Graz in Diensten des NS-Staates, in: Medizin, Gesellschaft und Geschichte 24 (2005), S. 151-180; Bruns, Medizinethik, 2009 (wie Anm. 55), S. 62ff.

eternisierenden, explizit bei Hippokrates beginnenden Genealogie großer Persönlichkeiten gearbeitet wie ihre Vorgänger, weshalb Gottlieb nach 1945 offensichtlich auch glaubte, das Werk könne umstandslos wieder erscheinen, wenn er nur die „blöden Seiten"[59] wieder herausstreiche. Das Vorwort des Reichsarztes SS war damit gemeint und jene Passagen, in denen er gemeinsam mit seinem Mitverfasser Ärzte wie den Flamen Boerhaave oder den Dänen Bartholin rassisch ‚eingedeutscht', das „Antlitz" von Arztheroen anhand der „nordischen Prägung" ihrer Kopfform vermessen, in der Rekapitulation der modernen Medizingeschichte von jüdischen Ärzten systematisch geschwiegen hatte und anderes mehr.[60]

Derart eindeutig „nazistisch", taten Berg und Gottlieb damit der deutschen Medizinhistoriographie nach 1945 freilich einen Gefallen. Mit diesem Werk hatte man ein Buch zur Hand, von dem sich nun alle leichthändig abgrenzen konnten – und damit die Zunft von ‚NS-Medizingeschichtsschreibung' als solcher.[61]

So borniert sich indes Gottliebs in den sechziger Jahren – wirklich mit Deckweiß-Übermalungen – unternommener Retuschierungsversuch[62] auch ausnimmt: Neu gesetzt, pseudonym und mit einem etwas verfremdeteren Titel als *Das Antlitz des Arztes in vier Jahrhunderten* veröffentlicht, wäre dieser Versuch womöglich nicht weiter aufgefallen. Aus der Kulturgeschichte der frühen Bundesrepublik lässt sich eine Reihe von Beispielen dafür anführen, wie wenig die Verbrechen der entgrenzten Medizin im Dritten Reich an der Vorstellung eines

---

[59] So Gottlieb in einem Brief an George Rosen 1964, zit. nach Mörgeli/Jobmann, Affäre, 1997 (wie Anm. 58), S. 87.
[60] Vgl. Gottlieb, Bernward J./Berg, Alexander, Das Antlitz des germanischen Arztes in vier Jahrhunderten, Berlin 1942, passim; Mörgeli/Jobmann, Affäre, 1997 (wie Anm. 58), S. 63f.
[61] Dies wohl auch umso heftiger, als sie sich auf diese Weise nicht mit ihren eigenen, in der Regel in subtileren Tönen NS-affirmativen Schriften hatten auseinandersetzen müssen. Siehe exemplarisch die Schriften von Rothschuh, hierzu Mörgeli/Jobmann, Affäre, 1997 (wie Anm. 58), S. 87, Anm. 86, sowie ebd. (passim) die Rekonstruktion des Skandals um die Umhabilitierung Bergs in den 1960er Jahren, in der die NS-Vergangenheit der Protagonisten in die Diskussion miteinbezogen wird; zur Rolle der Medizinhistoriographie im Dritten Reich insgesamt: Kümmel, Werner Friedrich, Geschichte, Staat und Ethik. Deutsche Medizinhistoriker 1933-1934 im Dienste „nationalpolitischer Erziehung", in: Frewer, Andreas/Neumann, Josef N. (Hg.), Medizingeschichte und Medizinethik. Kontroversen und Begründungsansätze 1900-1950 (Kultur der Medizin, Bd. 1), Frankfurt am Main/New York 2001, S. 167-203. Zur Geschichte der Medizinhistoriographie in West- und Ostdeutschland jetzt: Bruns, Florian (Hg.), Medizingeschichte in Deutschland nach 1945. Themenheft Medizinhistorisches Journal 49 (2014), H. 1/2.
[62] Zur Neuauflage vgl. Mörgeli/Jobmann, Affäre, 1997 (wie Anm. 58), S. 86f.

zeitlosen Orts des idealen Arztbildes hatten rütteln können, und innerhalb der westdeutschen Medizinhistoriographie wird man diesbezüglich nicht allein bei der weiterhin um Einfluss bemühten Diepgen-Schule fündig.[63] Die eindrücklichsten diesbezüglichen Äußerungen sind wohl den Stellungnahmen des Medizinhistorikers Werner Leibbrand (1896-1974) im Umfeld seiner Zeugenvernehmung im Nürnberger Ärzteprozess 1946/47 zu entnehmen. Konfrontiert mit den NS-Medizinverbrechen, sah Leibbrand es als eine dringliche Aufgabe von Medizinhistorikern an, vor aller Welt die Größe ärztlicher Ethik in der Geschichte – vor 1933 – aufzuzeigen. Es müsse die mächtige Tradition seit Hippokrates nachvollzogen werden, um deutlich werden zu lassen, „wie weit die Menschlichkeit schon gediehen war", bevor sie von einer zahlenmäßig überschaubaren Gruppe ideologisch verblendeter NS-Ärzte „unter den rauchenden Trümmern eigens verschuldeter Unmenschlichkeit begraben"[64] worden sei – was am Ende, wie man Georg Lilienthal zustimmen muss, „nichts Anderes [besagte], als dass man nur in die Geschichte zurückschauen brauche, um die intakte, später von den Nationalsozialisten geschändete medizinische Ethik zu finden."[65]

Diese, wie Karl-Heinz Leven 1994 meinte, „bei einem Medizinhistoriker überraschend anachronistische Sichtweise"[66] war indessen symptomatisch für den Blick der Nachkriegsmedizinhistoriographie in Deutschland insgesamt. Dass in den Lebensläufen der ‚Großen' der Medizingeschichte die Ärzte der Gegenwart „immer-fließende Quellen moralischer Stärke" antreffen würden, konnte man

---

[63] Emblematisch für die westdeutsche Nachkriegsgeschichte die Verfilmung von „Sauerbruch – Das war mein Leben". Vgl. Benzenhöfer, Udo, „Schneidet für Deutschland!" Bemerkungen zu dem Film „Sauerbruch – Das war mein Leben" (1954), in: ders. (Hg.), Medizin im Spielfilm der fünfziger Jahre (Reihe Medienwissenschaft, Bd. 8), Pfaffenweiler 1993, S. 60-73; zur Rolle und zum Einfluss der Diepgen-Schule in Westdeutschland vgl. Kümmel, Werner Friedrich, Paul Diepgen als „Senior" seines Faches nach 1945, in: Bruns (Hg.), Medizingeschichte (wie Anm. 61), S. 10-44.
[64] Zit. nach Leven, Karl-Heinz, Hippokrates im 20. Jahrhundert. Ärztliches Selbstbild, Idealbild und Zerrbild, in: ders./Prüll, Cay-Rüdiger (Hg.), Selbstbilder des Arztes im 20. Jahrhundert. Medizinhistorische und medizinethische Aspekte (Freiburger Forschungen zur Medizingeschichte, N. F. 16), Freiburg i. Brsg. 1994, S. 39-96, hier S. 81. Vgl. zu Leibbrands Rolle in den Nürnberger Ärzteprozessen auch Mildenberger, Florian, Das moralische Gewissen der deutschen Medizin – Werner Leibbrand in Nürnberg, in: Unschuld, Paul U. et al. (Hg.), Werner Leibbrand (1896-1974). „... ich weiß, daß ich mehr tun muß, als nur ein Arzt zu sein ...", München u.a. 2005, S. 81-101.
[65] Georg Lilienthal, zit. nach Leven, Hippokrates, 1994 (wie Anm. 64), S. 81.
[66] Ebd., S. 82.

nach 1945 eben auch noch nachlesen bei Ackerknecht oder Sigerist.[67] Sie standen ebenso wie Leibbrand nicht im Verdacht der Nähe zum Nationalsozialismus, sondern hatten die Zeit des Dritten Reichs im Exil verbracht[68] und waren – das gilt besonders für Ackerknecht – nach 1945 durchaus scharf mit der Rolle ihrer Kollegen im Nationalsozialismus ins Gericht gegangen.[69] Lagerübergreifend hingegen war das sich schnell herausbildende Narrativ der NS-Medizingeschichte als einem in jeder Hinsicht exogenen Einbruch. Und nur folgerichtig war es, dass die ‚NS-Mediziner' als *Mediziner* gleichsam exkommuniziert werden mussten. Das war auch entscheidend für die fortgesetzte Erzählung von den ‚großen Ärzten', die als Wiedererzählung dann im Wortsinne die Wiederaufbaujahre der Medizinhistoriographie kennzeichnen sollte. Einher ging dies – das lässt sich ebenso bei den Remigranten im Fach feststellen – mit einer ausgeprägten Empfindlichkeit gegenüber Anwürfen, die ‚die Medizin' als solche betrafen. Als Sigerist in den fünfziger Jahren eine neue Auflage seiner *Großen Ärzte* herausgab, tat er dies mit der Begründung, „in weiten Kreisen Verständnis [zu] erwecken für die Aufgaben, für die Kämpfe und Erfolge eines der reinsten und edelsten menschlichen Berufe."[70] Im Vorwort, 1953 verfasst, schrieb er:

> „Die Welt hat sich sehr verändert in den letzten zwanzig Jahren. Die Medizin hat große Fortschritte gemacht. Eine neue Ärztegeneration ist herangewachsen, die viel Schweres erlebt hat. [Punkt!] Doch nach wie vor stehen wir auf den Schultern unserer Vorgänger, welche die Bedingungen geschaffen haben für unser heutiges Gelingen. Und ewig bleibt das Wesen des wahren Arzttums [...]."[71]

Aufschlussreich ist in diesem Zusammenhang auch das Beispiel Ackerknechts, der ab 1957, zurückgekehrt aus den USA, in der Schweiz lehrte und dessen Kritik an der bundesrepublikanischen Medizinhistoriographie sich eigentlich erst an

---

[67] Ackerknecht, Erwin H., Geschichte der Medizin, 5., durchges. u. erg. Aufl., Stuttgart 1986 [EA 1959], S. 5. Siehe zu seinen Beiträgen zum Genre u.a. Ackerknecht, Erwin H., Rudolf Virchow. Arzt, Politiker, Anthropologe, Stuttgart 1957; ders./Buess, Heinrich, Kurze Geschichte der großen Schweizer Ärzte, Bern u.a. 1975.
[68] Nach der „Machtergreifung" zunächst im Untergrund in einer trotzkistischen Gruppe aktiv, verließ Ackerknecht Deutschland auf Anweisung Trotzkis 1933 nach Paris; aus dem besetzten Frankreich gelang ihm 1941 die Flucht in die USA, wo er ein Jahr später Assistent Sigerists an der Johns Hopkins University in Baltimore wurde, vgl. z. B. Walser, Hans H., Zum Hinschied von Erwin H. Ackerknecht. Gesnerus 45 (1988), S. 309-310. Sigerists Wechsel nach Baltimore 1932 bedeutete ab 1933 zugleich ein faktisches Exil. Vgl. zu Sigerist u.a. Bröer, Medizinhistoriographie (1999).
[69] Vgl. zu Ackerknecht Mörgeli/Jobmann, Affäre, 1997 (wie Anm. 58).
[70] Siehe das Vorwort zur 3. Auflage, hier zit. nach Sigerist, Ärzte, 1959 (wie Anm. 13), S. 12.
[71] Ebd., S. 11f.

ihrem Umgang mit den Verfassern von *Das Antlitz des germanischen Arztes* von 1942 entzündet hatte.[72] Dass die westdeutschen Kollegen dieses Werk einhellig verurteilten, aber zugleich versuchten, die Autoren wieder zu integrieren, korrespondierte für ihn mit einer ihm insgesamt auffallenden Blässe des Faches in der Bundesrepublik, einer Farblosigkeit, die in seinen Augen genauso mit den Nachwirkungen der NS-Zeit zusammenhing. 1963 meinte er, ob man eine aktuelle Ausgabe von *Sudhoffs Archiv* oder eine aus dem Jahr 1913 zur Hand nehme, mache eigentlich keinen Unterschied, außer vielleicht, dass die Beiträge belangloser seien als zur Gründerzeit. Er erklärte sich diese „wahrhaft unbegreifliche Sterilität"[73] mit der personellen Zusammensetzung des Faches aus Alt-Nazis und Schülern von Alt-Nazis sowie mit dem ideellen Vakuum, in das ihre Vertreter nach dem Zusammenbruch des Nationalsozialismus gefallen seien.

Das war auch sicherlich nicht ganz falsch. Tatsächlich war es wohl *auch* dieses Vakuum, das dem Fach und seinem in der Tat überwiegend blass, auch methodisch ausgesprochen konventionell auftretenden Personal anzumerken war.[74] Keinen Zusammenhang sah Ackerknecht jedoch darin, dass nach 1945 in Westdeutschland Medizingeschichte noch sehr viel enger als vor 1933 als eine medizininterne Angelegenheit beworben und legitimiert wurde und das Fach nicht zuletzt deshalb, als gleichsam versiegeltes „gemeinsames Arbeitsgebiet aller Mediziner",[75] in punkto Reflexionsbereitschaft über die NS-Vergangenheit genauso immobil war wie die übrige Ärzteschaft. Die Jahre des Dritten Reichs als eine Zeit der Fremdbestimmung ärztlichen Wirkens zu sehen, wie dies in den

---

[72] Einhellig, wenn auch von einigen als „harmlos" eingestuft, als nationalsozialistisches Machwerk bezeichnet, gelang Berg damals eine erfolgreiche Umhabilitierung. Ackerknecht schrieb hierzu: „Die Verteidigung der ‚Ideen' von 1942 scheint im Moment selbst in Deutschland unmöglich. Die Verteidigung der Männer von 1942 bleibt es [...].", zit. nach Mörgeli/Jobmann, Affäre, 1997 (wie Anm. 58), S. 99.
[73] So Erwin H. Ackernecht 1964, zit. nach Mörgeli/Jobmann, Affäre, 1997 (wie Anm. 58), S. 105.
[74] Auch Traditionsanknüpfungen an die Sozialgeschichte Sigeristscher Prägung waren nur noch in Spurenelementen nachweisbar, vgl. Eckart/Jütte, Medizingeschichte, 2007 (wie Anm. 9), S. 156. Das hatte teilweise auch mit dem „Dilettanten-Problem" im Zuge des raschen, von Nachwuchswissenschaftlern aus dem Fach selbst heraus nicht auffangbaren Ausbaus von Medizingeschichte an den Universitäten infolge der „Empfehlungen des Wissenschaftsrats" zu tun. Dies wurde von einer älteren Generation von Medizinhistorikern als Problem wahrgenommen. Vgl. Kümmel, Diepgen, 2015 (wie Anm. 63), S. 30ff.
[75] Eulner, Hans-Heinz, Die Entwicklung der medizinischen Spezialfächer an den Universitäten des deutschen Sprachgebietes (Studien zur Medizingeschichte des neunzehnten Jahrhunderts, 4), Stuttgart 1970, S. 427, vgl. auch ebd., S. 433.

Standeschroniken der fünfziger Jahre überall zu lesen war und als entlastende Apologetik über Jahrzehnte bedient werden sollte, war auch die Lesart einer Nachkriegsmedizinhistoriographie, deren Geräusch- und Farblosigkeit in einem gerade umgekehrten Verhältnis stand zu ihrer im Kielwasser der Boomjahre zustande gekommenen, nachhaltigen institutionellen Festigung an den Universitätskliniken.[76] Wenn Medizinhistoriker diese Entwicklung nicht als das Ergebnis von „dramatischen Kämpfen"[77] bezeichneten, sondern offenherzig ansprachen, dass dies praktisch ohne ihr aktives Zutun zustande gekommen war – „unter dem milden Tau sanfter Empfehlungen des Wissenschaftsrates",[78] wie der 1961 berufene Heidelberger Medizinhistoriker Heinrich Schipperges (1918-2003) es formulierte –, lag die Betonung auf einem von harmonischer Übereinstimmung geprägten Verhältnis zwischen Medizinhistoriographie und Bezugsdisziplin.

Vielleicht war in der Bundesrepublik auch infolge dieser Windstille unter dem Dach der Medizinischen Fakultät so wenig zu spüren von einer disziplinären Öffnung des Faches, wie sie in den sechziger Jahren außerhalb Deutschlands, vor allem in den USA durch Owsei Temkin und George Rosen, bereits eingeläutet worden war.[79] Von einer damit verbundenen Professionalisierung medizinhistorischer Forschung wollten die in der Bundesrepublik noch häufig im weißen Arztkittel vor die Studierenden tretenden Medizingeschichtler nichts wissen oder bestenfalls in despektierlich gesetzten Anführungszeichen sprechen.[80] Ohnehin waren in den sechziger Jahren Kontakte zur ‚allgemeinen' Geschichtswissenschaft allenfalls noch rudimentär vorhanden. Medizinhistoriker der Boom-Generation verfassten zwar noch sagenhaft umfangreichere Œuvres als

---

[76] Innerhalb weniger Jahre wurden damals an den Medizinischen Fakultäten so viele neue medizinhistorische Abteilungen installiert wie vorher und nachher nie wieder. Ihre Zahl verdoppelte sich zwischen 1960 und 1966. Gegründet wurden Institute in kurzen Abständen nacheinander in Münster, Göttingen, Tübingen, Kiel, Hamburg, Marburg, Gießen und Köln; siehe dazu die Übersicht bei: vom Brocke, Bernhard, Die Institutionalisierung der Medizinhistoriographie im Kontext der Universitäts- und Wissenschaftsgeschichte, in: Frewer/Roelcke (Hg.), Institutionalisierung, 2001 (wie Anm. 30), S. 187-212, hier S. 191.
[77] Eulner, Entwicklung, 1970 (wie Anm. 75), S. 439.
[78] So Heinrich Schipperges 1962, zit. nach ebd.
[79] Vgl. Bickel, Marcel H., Medizinhistoriker im 19. und 20. Jahrhundert. Eine vergleichend-biographische Betrachtung, in: Frewer/Roelcke (Hg.), Institutionalisierung, 2001 (wie Anm. 30), S. 213-234, hier S. 218f.; Mildenberger, Florian, Die Geburt der Rezeption. Michel Foucault und Werner Leibbrand, in: Sudhoffs Archiv 90 (2006), S. 97-105, hier S. 102.
[80] Dies gilt allerdings auch für Ackerknecht, der befürchtete, dass damit der „Janustraum" seines Lehrers Sigerist „ausgeträumt" sein könnte. Ackerknecht, Erwin H., Rezension von Owsei Temkin, The double face of Janus, in: Gesnerus 34 (1977), S. 421-424, hier S. 422.

die Protagonisten der Generationen vor ihnen,[81] wurden damit aber von Historikern nicht wahrgenommen, weil sie in deren Foren nicht publizierten.[82] Tatsächlich kam in der Fachgeschichte wohl keine Zeit der Klischeevorstellung vom Medizinhistoriker „als vom Fach bestallter Traditionswahrer" und „geborener Festredner"[83] so nahe wie diese. Medizinhistoriographie in der Phase des Nachkriegsbooms fand im Wesentlichen in medizinischen Fachzeitschriften und Festschriften statt[84] und hatte (was auch die exorbitante ‚Produktivität' dieser Jahre erklärt) zu einem großen Anteil in Form und Zuschnitt in der Tat den Charakter von „Gelegenheitsschriften und Allerweltsbeiträgen":[85] über ‚Meilensteine', die ‚Sternstunden' der Medizin und die ‚großen Ärzte'. Thematisch, aber im Grunde auch methodisch ähnelte das Lebenswerk dieser Medizingeschichtsprofessoren häufig dem, was sie auch von ihren ärztlichen Doktoranden erwarteten: Überwiegend war dies entweder die deskriptive, entlang biographischer Fallbeispiele erzählte Disziplinengeschichte oder direkt die klassische Bioergographie,[86] in der „Leben und Werk" bedeutender Mediziner erschlossen wurde, und zwar mit-

---

[81] Spitzenreiter dürfte hierbei der vorhin zitierte Heinrich Schipperges gewesen sein, der neben mehr als 1.000 Aufsätzen noch 99 Monographien hinterließ. Siehe Seidler, Eduard, In memoriam Heinrich Schipperges, in: Medizinhistorisches Journal 38 (2003), S. 187-189, hier S. 188.
[82] Siehe etwa das 800 Einzeltitel umfassende Œuvre des 1965 in Düsseldorf berufenen Medizinhistorikers Hans Schadewaldt, in dem man vergeblich nach Beiträgen in historiographischen Zeitschriften sucht. Verzeichnis in: Labisch, Alfons unter Mitarbeit von Koppitz, Ulrich, In memoriam Prof. Dr. Hans Schadewaldt (1923-2009). Verzeichnis Düsseldorfer Arbeiten zur Geschichte der Medizin, Düsseldorf 2010, S. 65ff.
[83] Labisch, Alfons, Historizität. Erfahrung und Handeln – Geschichte und Medizin. Zur Einführung, in: ders./Paul, Norbert (Hg.), Historizität. Erfahrung und Handeln – Geschichte und Medizin (Sudhoffs Archiv. Beihefte, 54), Stuttgart 2004, S. 11-36, hier S. 36.
[84] Vgl. Leven, „Banner", 2001 (wie Anm. 18), S. 183.
[85] So Richard Toellner über eine der seit jeher bestehenden, in den fünfziger und sechziger Jahren offenbar besonders ausgeprägten „Versuchungen unseres Faches", zit. nach Labisch, Alfons, Geschichte, Sozialgeschichte und Soziologie der Medizin. Ein imaginäres Streitgespräch mit Christian Probst, in: Sudhoffs Archiv 80 (1996), S. 1-27, hier S. 26.
[86] Siehe exemplarisch die von Axel W. Bauer für den Zeitraum 1954 bis 1995 ermittelten Zahlen für medizinhistorische Publikationen auf dem Gebiet der Geschichte der Pathologie. Hier betraf der Biographien-Anteil etwa 37 Prozent. Bauer, Axel W., Die Funktionalisierung der Pathologiegeschichte durch die „History in Medicine", in: Bröer, Ralf (Hg.), Eine Wissenschaft emanzipiert sich. Die Medizinhistoriographie von der Aufklärung bis zur Postmoderne, Pfaffenweiler 1999, S. 217-234, hier S. 227.

tels einer Durchsicht ihrer Schriften und biographischer Standardlexika,[87] mit der Folge, dass die „Identifizierung von Werk und Person" in eins fiel.[88]

Dass es in den sechziger Jahren daneben noch das problemgeschichtlich arbeitende, auch in manch anderer Hinsicht ungewöhnliche Münchener Institut unter Leibbrand gab,[89] soll nicht verschwiegen werden, und auch nicht, dass Schipperges und Gunter Mann (1924-1992) damals Anstöße zu einer kritischen Reflexion der Fortschritts-Medizin des 19. Jahrhunderts gaben und überdies bereits – hier sind vor allem Karl Eduard Rothschuh (1908-1984) und seine von soziologischen Zugängen beeinflusste Münsteraner Schule zu nennen – über eine zwar noch sehr medizinfromme, aber immer noch referenztaugliche medizinhistorische Ideen- bzw. Konzeptgeschichte nachgedacht wurde.[90] Mit der Eröffnung eines Dialogs mit der ‚allgemeinen' Geschichtswissenschaft hatte dies allerdings ebenso wenig zu tun wie etwa 1966 die Gründung des *Medizinhistorischen Journals*, und freundlich abbremsende Kommentare zu dem, was sich methodisch und konzeptionell an der Peripherie des Faches zu regen begann, blieben von Seiten der tonangebenden Traditionalisten nicht aus. Dass sich etwa Hans Schadewaldt (1923-2009) 1966 als gerade berufener Ordinarius in Düsseldorf mit der Edition einer erweiterten Fassung von René Dumesnils (1879-1967) Kompendium *Die berühmten Ärzte* zu Wort meldete, hatte neben dem Umstand,

---

[87] Bis in die 1980er Jahre war es bei biogergographisch angelegten medizinhistorischen Doktorarbeiten keineswegs selbstverständlich, auch Archivmaterialien heranzuziehen. Vgl. dazu am Beispiel der 1970er und 80er Jahre-Biographik in der Psychiatriegeschichte Hirschmüller, Albrecht, The development of psychiatry and neurology in the nineteenth century, in: History of Psychiatry 10 (1999), S. 395-423, hier S. 397.

[88] Gradmann, Helden, 2003 (wie Anm. 4), S. 253.

[89] Leibbrand, zeit seines Lebens ein Außenseiter des Faches, hatte beispielsweise schon früh die französische Annales-Schule wahr- und ernst genommen; auch war er Anfang der sechziger Jahre wohl der erste Wissenschaftler in Deutschland, der die Bedeutung Foucaults sofort erkannt hatte. Dazu Mildenberger, Geburt, 2006 (wie Anm. 79); zum Direktorat Leibbrands in München (1953-1969) siehe den Sammelband Unschuld, Paul U./Weber, Matthias M./Locher, Wolfgang G. (Hg.), Werner Leibbrand (1896-1974). „... ich weiß, daß ich mehr tun muß, als nur ein Arzt zu sein ...", München u.a. 2005 (dort v.a. die Beiträge von Burgmaier und Locher).

[90] Siehe Schipperges, Heinrich, Utopien der Medizin. Geschichte und Kritik der ärztlichen Ideologie des neunzehnten Jahrhunderts, Salzburg 1968; Mann, Gunter (Hg.), Biologismus im 19. Jahrhundert. Vorträge eines Symposiums vom 30. bis 31. Oktober 1970 in Frankfurt am Main (Studien zur Medizingeschichte des neunzehnten Jahrhunderts, Bd. 5), Stuttgart 1973; zur Rothschuh-Schule siehe die zu einem Klassiker der medizinhistorischen Ideengeschichte avancierte Zusammenfassung seiner Studien: Rothschuh, Karl Eduard, Konzepte der Medizin in Vergangenheit und Gegenwart, Stuttgart 1978; vgl. dazu auch Eckart/Jütte, Medizingeschichte, 2007 (wie Anm. 9), S. 150f.

dass in der Erstausgabe aus dem Jahr 1947 deutsche Medizingrößen schmerzlich vermisst worden waren, ebendiesen Hintergrund. Angesichts solch neuartiger Zugänge zur Medizingeschichte – Ideen- und Problemgeschichte, soziologische Perspektiven, was ja auch alles wichtig sei – schien es Schadewaldt dann doch „angebracht, immer wieder darauf hinzuweisen, dass die bedeutenden Entdeckungen in der Medizin in erster Linie hervorragenden Persönlichkeiten zu verdanken sind";[91] dass „[a]lle berühmten Ärzte [...] stets mit besonderer Gewissenhaftigkeit erfüllt" gewesen seien, wenn es darum ging, ihr Wissen an die nachfolgende Generation weiterzugeben, und dass es „das Anliegen aller hier behandelten Persönlichkeiten" gewesen sei, das Nichtschadensgebot hochzuhalten usw. usf.[92] – Keine Frage, dass von der Beteiligung an einem solchen Publikationsprojekt dann auch ein Rothschuh nicht absah.

Es waren, um hier den Kreis zu schließen, am Ende der sechziger und zu Beginn der siebziger Jahre eine ganze Reihe wunder und blinder Punkte, die Lichtenthaeler in seinen Hamburger Vorlesungen traf, was allerdings nichts daran änderte, dass seine Thesen als ein rundheraus abzuwehrender Angriff wahrgenommen wurden – jedenfalls fürs erste.[93]

II

1977, drei Jahre nach der Veröffentlichung, erschien eine ungewöhnlich ausführliche, neun Seiten umfassende Rezension der Lichtenthaeler-Vorlesungen in *Sudhoffs Archiv*. Die Kritikpunkte, gab sich dort der Münchener Privatdozent Christian Probst (1935-1994) als Verbündeter zu erkennen, seien „berechtigt" und in der Tat als grundlegende Defizite der gegenwärtigen Medizinhistoriographie anzusprechen.[94] Aber: Es sei in der Zwischenzeit doch mehr Bewegung im Sinne Lichtenthaelers in das Fach gekommen, als dieser wahrgenommen hätte. Das gelte nicht nur für „[e]ine Kritik an Szientismus und Fort-

---

[91] Schadewaldt, Hans, Einführung, in: Dumesnil, René/Schadewaldt, Hans (Hg.), Die berühmten Ärzte, Köln 1966, S. 7-11, hier S. 7.
[92] Ebd., S. 10.
[93] Lichtenthaeler wird von allen Zurückweisung wohl meisten der Verriss Ackerknechts, den der Hamburger Ordinarius in seinem Vorwort als den einzigen Medizinhistoriker genannt hatte, von dem er viel gelernt habe, getroffen haben. Siehe Bickel, Lehrbücher, 2007 (wie Anm. 20), S. 65.
[94] Probst, Christian, Rezension von Lichtenthaeler, Geschichte der Medizin, in: Sudhoffs Archiv 61 (1977), S. 97-104, hier S. 98.

schrittsoptimismus".[95] Auch im Hinblick auf das so vehement attackierte Genre der medizinhistorischen Biographik verwies Probst auf jüngere Veröffentlichungen, in denen klassische biographische Zugriffe mit neueren Ansätzen der wissenschaftshistorischen Ideengeschichte kombiniert worden waren.[96] Probst machte dabei vor allem auch auf seine eigenen Arbeiten auf diesem Feld aufmerksam, auf kürzere Ärzteporträts, die er für die Kindler-Reihe *Die Großen der Weltgeschichte* geschrieben hatte.[97]

Das war, zumal noch im Miniaturformat erprobt, sicher noch keine Revolution, lässt sich aber in einen Kontext stellen mit anderen Momenten, die die Endsiebziger als eine Schwellenphase der disziplinären Transition der achtziger Jahre kennzeichnen. Der verspätete Zeitpunkt dieser den Lichtenthaeler-Thesen prinzipiell zustimmenden Wortmeldung eines jüngeren Medizinhistorikers war deshalb vielleicht auch nicht ganz zufällig: Hatten zu Beginn des Jahrzehnts, als neben der Hochschulreform (1970) auch die Approbationsordnung für Ärzte (in Kraft getreten 1972) curriculare Veränderungen und einen weiteren Ausbau für das Fach mit sich gebracht hatten, Legitimationsstrategien einer medikalisierenden Funktionalisierung noch hoch im Kurs gestanden,[98] wurde nun über das „Selbstverständnis der deutschen Medizingeschichte"[99] neu verhandelt. Dabei regte sich vor allem von Seiten der jüngeren Vertreter des Faches Interesse an einem Dialog mit der ‚allgemeinen' Geschichtswissenschaft – erstmals nach 1945 in handfester Form und in verschiedene thematische Richtungen. So wurde Ende der siebziger Jahre der Anschluss der Medizingeschichte an das Erkennt-

---

[95] Diese sah Probst bereits in Schipperges' 1968 erschienenem Buch *Utopien der Medizin* artikuliert, ebd. S. 99.
[96] Ebd.
[97] Später konzeptionell näher erläutert bei: Probst, Christian, Einführung in die Geschichte der Medizin und ihrer Konzepte in: Wiench, Peter (Hg.), Die großen Ärzte. Geschichte der Medizin in Lebensbildern, München 1982, S. 9-16.
[98] Vgl. dazu Bleker, Johanna, Vom Ordinarientreffen zum Fachverband Medizingeschichte e. V.: Ein Rückblick auf Diskussionen der 1970er Jahre, in: Medizinhistorisches Journal 42 (2007), S. 356-368. Der Münsteraner Medizinhistoriker Richard Toellner traf 1973 auf einer zum Zweck der Aufstellung eines medizinhistorischen Lernzielkatalogs vom Fachverband Medizingeschichte einberufenen Versammlung auf kein Gehör, als er Funktionalisierungen für gegenwärtige Zwecke als ein prinzipielles Missverständnis von Medizinhistoriographie ansprach und dies auch am Geschichtsbild („Pappelallee, die auf uns zuläuft") festmachte. Zit. nach ebd., S. 362.
[99] Anonymus, Symposion „Das Selbstverständnis der deutschen Medizingeschichte". Nachrichtenblatt der Deutschen Gesellschaft für Geschichte der Medizin, Naturwissenschaften und Technik 28 (1978), S. 109-110.

nisspektrum der in Deutschland gerade erst entstehenden Historischen Anthropologie gesucht.[100] Zur selben Zeit setzte, entscheidend angestoßen durch eine Neuauflage von Mitscherlichs *Medizin ohne Menschlichkeit* 1977 und die Fernsehserie *Holocaust* 1979, die medizinhistorische Auseinandersetzung mit dem Nationalsozialismus ein. Sie wurde maßgeblich vorangetrieben wurde von einer jüngeren Riege – den Protagonisten der (erst später so genannten) „Kritischen Medizingeschichte"[101] – und sollte bald zu engen Berührungen mit Geschichtswissenschaftlern führen. 1978 waren Medizinhistoriker überdies zum ersten Mal mit einer eigenen Sektion auf dem Historikertag (in Hamburg) erschienen.[102] Und als 1980 mit dem Forschungsaufriss *Zur Sozialgeschichte der Medizin* des späteren Düsseldorfer Ordinarius für Medizingeschichte Alfons Labisch der Startschuss für eine methodologisch reflektierte Sozialgeschichte der Medizin im deutschsprachigen Raum gegeben wurde, geschah dies bereits nicht mehr in einer medizinischen oder medizinhistorischen Zeitschrift. Publiziert hatte Labisch seinen Aufsatz in einem der führenden Organe der deutschen Sozialhistoriker, dem *Archiv für Sozialgeschichte*.[103]

Methodisch sollte vor allem die Öffnung zur Sozialgeschichte die institutionalisierte Medizinhistoriographie in den achtziger Jahren verändern. Gerade hier bot sich der Austausch mit der Geschichtswissenschaft an, da diese zur selben Zeit

---

[100] Schipperges, Heinrich/Seidler, Eduard/Unschuld, Paul U. (Hg.), Krankheit, Heilkunst, Heilung (Veröffentlichungen des Instituts für historische Anthropologie, Bd. 1), München 1978. Zum Kontext Eckart/Jütte, Medizingeschichte, 2007 (wie Anm. 9), S. 172f.; Roelcke, Entwicklung, 1997 (wie Anm. 17), S. 205.
[101] Dies waren Ende der siebziger Jahre vor allem Gerhard Baader in Berlin, Fridolf Kudlien in Kiel und Walter Wuttke in Tübingen. Vgl. dazu den Rückblick bei Baader, Gerhard, Die Erforschung der Medizin im Nationalsozialismus als Fallbeispiel einer Kritischen Medizingeschichte, in: Bröer, Ralf (Hg.), Eine Wissenschaft emanzipiert sich. Die Medizinhistoriographie von der Aufklärung bis zur Postmoderne, Pfaffenweiler 1999, S. 113-120, hier bes. S. 116f., sowie Pfäfflin, Friedemann, Sprechen, worüber es einem die Sprache verschlagen kann. Walter Wuttke zum 60. Geburtstag, in: Kopke, Christoph (Hg.), Medizin und Verbrechen. Festschrift zum 60. Geburtstag von Walter Wuttke, Ulm 2001, S. 9-20; Jütte, Robert, Rezeptions- und kontroverse Diskursgeschichte der NS-Medizin nach 1945, in: ders. (Hg.), Medizin, 2011 (wie Anm. 12), S. 311-323, hier S. 313ff.; Tümmers, Henning, Das „Dritte Reich" in der Bundesrepublik. Zur Auseinandersetzung mit NS-Medizinverbrechen in den siebziger Jahren, in: Hermanns, Ludger M./Hirschmüller, Albrecht (Hg.), Vom Sammeln, Bedenken und Deuten in Geschichte, Kunst und Psychoanalyse. Gerhard Fichtner zu Ehren, Stuttgart 2013, S. 131-148.
[102] Vgl. Labisch, Alfons, Zur Sozialgeschichte der Medizin. Methodologische Überlegungen und Forschungsbericht, in: Archiv für Sozialgeschichte 20 (1980), S. 431-469, S. 445.
[103] Labisch, Sozialgeschichte, 1980 (wie Anm. 102).

medizinhistorische Themen wie Bevölkerungspolitik, Sterblichkeit und Krankheit sozialgeschichtlich zu entdecken begann;[104] und auch die internationale Medizinhistoriographie bewegte sich in den Achtzigern deutlich in diese Richtung.[105]

Auf biographischem Feld machte sich dieser Schwenk bald bemerkbar, wenngleich „Sozialgeschichte" hier wie auch in anderen Kontexten zunächst mehr als ein Label die Editorials schmückte, denn dass ein systematisches Durchdeklinieren ihrer Fragestellungen bereits erfolgt wäre.[106] Hierin spiegelte sich ein zu Beginn der achtziger Jahre großenteils noch fragmentierter Ablösungsprozess von traditionellen Zugängen wider, der auf den seit 1982 von Labisch und dem Historiker Reinhard Spree im „Zentrum für interdisziplinäre Forschung" in Bielefeld organisierten gemeinsamen Arbeitstreffen sehr bald konflikthaft zutage trat: Die Medizinhistoriker verstanden häufig die Forschungsfragen der Sozialhistoriker nicht oder griffen diese nicht auf, „und umgekehrt erschien der von Medizinhistorikern vorgegebene Interpretationsrahmen vielen Sozialhistorikern als zu eng und eindimensional."[107]

Es deutete sich dabei jedoch auch ein Generationenbruch innerhalb der Medizinhistoriographie an, der dann im sog. „Medizinhistorikerstreit" von 1987 offensichtlich werden sollte, als diese Konfliktlinien, angestoßen durch einen Artikel der Historikerin Ute Frevert in der *Frankfurter Allgemeinen Zeitung*, Gegenstand einer öffentlich ausgetragenen Kontroverse wurden. Im Kern ging es in der Debatte um die Problematisierung von medizinhistorischer Forschung „im hermetischen Raum einer engen Disziplingeschichte"[108], aber es ging auch um ihr (noch) tonangebendes Personal:

Als Fach „organisatorisch und inhaltlich" von der Geschichtsforschung getrennt, damit eröffnete Frevert 1987 die Debatte, fokussiere Medizinhistoriographie „in der Regel darauf, das Selbstverständnis medizinischer Wissenschaft und Praxis

---

[104] Vgl. Mattmüller, Markus, Medizingeschichte und Allgemeine Historie – Dialog und Zusammenarbeit auf dem Gebiet der modernen Sozialgeschichte, in: Gesnerus 37 (1980), S. 62-72.
[105] Vgl. Eckart/Jütte, Medizingeschichte, 2007 (wie Anm. 9), S. 156ff.
[106] Siehe z. B. Lesky, Erna, Meilensteine der Wiener Medizin. Große Ärzte Österreichs in drei Jahrhunderten, Wien 1981.
[107] Frevert, Ute, Geteilte Geschichte der Gesundheit. Zum Stand der historischen Erforschung der Medizin in Deutschland, England und Frankreich, in: Frankfurter Allgemeine Zeitung Nr. 23/(28.1.)1987, S. 31.
[108] Ebd.

historisch zu rekonstruieren und abzusichern". Nach wie vor exemplarisch erschienen Frevert dabei die hellen Farben, in die Medizinhistoriker ihre Bilder von den ‚großen Ärzten' weiterhin eintauchten:

> „Dieser Zirkel – Mediziner schreiben Medizingeschichte für Mediziner – birgt die Gefahr, Geschichte lediglich als Vorgeschichte der modernen ‚wissenschaftlichen' Medizin zu betrachten und sie mit positiver Identitätsbildung und Legitimation zu verwechseln. [...] Medizingeschichte verkürzt sich [...] oft darauf, eine sich stetig verbessernde Erfolgsbilanz medizinischer Entdeckungen und Heilmöglichkeiten aufzustellen, in deren Zentrum der Arzt als ingeniöser Erfinder und aufopferungsvoller Menschenfreund steht. Daß es Ärzte gegeben hat und gibt, die dieser Vorstellung entsprechen, steht außer Frage. Die historische Wirklichkeit war jedoch weit komplexer, als es dieses Bild suggeriert."[109]

Als daraufhin jedoch Gunter Mann sein Fach in der *FAZ* verteidigte, tat er dies mit Argumenten, die nur noch wenig damit zu tun hatten, wohin der eigene Nachwuchs bereits unterwegs war. Manns Antwort legte vielmehr unfreiwillig das von Frevert beschriebene Grundproblem noch einmal offen, indem als Beispiele für „Brückenschläge" zur ‚allgemeinen' Geschichtswissenschaft u.a. Sigerist (zur Sozialgeschichte), die Diepgen-Schule (zur Kulturgeschichte) sowie Rothschuh (zur Wissenschaftsgeschichte) dienen sollten – und damit lauter Namen von Protagonisten der deutschsprachigen Medizinhistoriographie angeführt wurden, die in der Geschichtswissenschaft vollkommen unbekannt waren (und überdies fast alle schon lange verstorben).[110] Als Frevert daran anschließend in der *FAZ* die Einträge „Medizingeschichte" in *Kürschners Deutschem Gelehrtenkalender,* Jahrgang 1987, aufschlug und anhand der Themenschwerpunkte „der dort aufgeführten 91 Professoren und Privatdozenten" veranschaulichte, wie aufwendig sich die Suche gestalte, „bis man unter all den vor allem geistes- und biographiegeschichtlichen Themen etwas findet, was die angeblich seit Jahrzehnten praktizierte Öffnung der Medizingeschichte gegenüber der ‚Allgemeingeschichte' belegen könnte",[111] war diese zweite Konfliktebene des „Medizinhistorikerstreits" erneut angesprochen. Sie betraf die (im *Kürschner* abgebildete)

---

[109] Frevert, Ute, Geteilte Geschichte, 1987 (wie Anm. 107), S. 31.
[110] Siehe Mann, Gunter, Beschränktheit im Wissen. Eine Antwort auf Ute Freverts Thesen zur Medizingeschichte, in: Frankfurter Allgemeine Zeitung vom 11.3.1987 [Kopie o. S., Sonderdrucksammlung Gerhard Fichtner, Tübingen].
[111] Frevert, Ute, Medizingeschichte endlos. Zu Gunter Manns Kritik an der Sozialgeschichte der Medizin, in: Frankfurter Allgemeine Zeitung vom 8.4.1987 [Kopie o. S.; Sonderdrucksammlung Gerhard Fichtner, Tübingen].

Riege der in den Boomjahren auf die Lehrstühle gekommenen Ärzte-Historiker, denen die neuen Zugänge im Fach zunehmend fremd geworden waren, die auch die Bielefelder Zusammenkünfte, wie Frevert die Leser der *FAZ* wissen ließ, schon bald nicht mehr besucht hatten.[112]

Dass sie dabei vielfach nicht sekundiert worden waren von jüngeren Fachkollegen,[113] dass für diese im Laufe der achtziger Jahre die Orientierung an der ‚allgemeinen' Geschichtswissenschaft vielmehr Programm werden sollte, lag gleichermaßen in dem Erkennen neuer Problemhorizonte begründet wie auch in einem grundlegenden Mentalitätswandel, der die Frage der Legitimität des eigenen Tuns gegenüber der Legitimationsinstanz ‚Medizinische Fakultät' betraf.[114] Mit Blick auf ihren unmittelbaren Erfahrungshintergrund in den achtziger Jahren scheint es eindeutig, dass die in diesem Jahrzehnt einsetzende intensive Auseinandersetzung mit der NS-Medizingeschichte und die Erfahrung des immer wieder massiven Widerstands, auf den entsprechende Forschungen in der Ärzteschaft stießen, viele Nachwuchswissenschaftler darüber ins Klare setzte, dass die alten, auf schlichte Duldung schielenden Legitimationsstrategien dem Fach nicht gut getan hatten.[115] Den Dialog mit Historikern regte dies zunehmend in dem Sinne an, Medizingeschichte überhaupt als Teil der ‚allgemeinen' Geschichtswissenschaft zu verstehen und diese Öffnung auch nicht – wie es noch eine Generation davor der Fall gewesen war – als eine Gefahr der Verwässerung oder gar der Trivialisierung ihres Forschungsgegenstands zu begreifen, sondern als überfällige Professionalisierung. Methodisch weiterhin stark geprägt vom Schwenk zur Sozialgeschichte sowie schließlich auch zur Ideengeschichte – ab Mitte der Achtziger verbunden vor allem mit den Namen Wolfgang U. Eckart,

---

[112] Frevert, Geschichte, S. 31.

[113] Vgl. ebd.

[114] Es würde sich lohnen, dieses Moment auf tiefer gehende generationelle Prägungen hin zu untersuchen im Anschluss an die Pionierstudie von Ralf Forsbach über Medizinstudierende im Kontext von „1968". Hier spielte nicht nur die Ablehnung des autoritativen Bildes vom Arztheroen generell, sondern bereits ganz konkret auch die NS-Vergangenheit von Medizingrößen wie Otmar von Verschuer oder Karl Heinrich Bauer eine Rolle. Vgl. Forsbach, Ralf, Die 68er und die Medizin. Gesundheitspolitik und Patientenverhalten in der Bundesrepublik (1960-2010) (Medizin und Kulturwissenschaft. Bonner Beiträge zur Geschichte, Anthropologie und Ethik der Medizin, Bd. 5), Bonn 2011, S. 55 u. 70.

[115] Dazu gehörte eben auch die Erfahrung, dass dieser Gegenwind in den achtziger Jahren Laufbahnen beenden konnte, vgl. Kopke, Medizin, 2001 (wie Anm. 101), S. 7; vgl. zum Klima der achtziger Jahre und den Reaktionen der Ärzteschaft auch Pfäfflin, Sprechen, 2001 (wie Anm. 101).

Robert Jütte und Heinz-Peter Schmiedebach –, begriff man die neu eingeschlagenen Wege allenthalben als einen ‚Aufholprozess'.[116]

Spätestens am Ende der neunziger Jahre, als sich der Generationenbruch in der Besetzung der Lehrstühle weitgehend vollzogen hatte, sich das Fach auch personell, vor allem im „Mittelbau", immer mehr geöffnet hatte für Wissenschaftler, die von Haus aus Historiker waren, und es nunmehr als „Grundlage eines minimalen Konsenses" galt, „daß medizinhistorische Probleme in die allgemeine historische und sozial-/kulturwissenschaftliche Diskussion einzubinden und in theoretisch und methodisch nachvollziehbarer Art abzuleiten sind",[117] ließ sich dieser Aufholprozess als eine Erfolgsgeschichte rekapitulieren.[118]

Ob diese Entwicklung als ein Wandel anzusprechen ist, der damals im ganzen Fach vollzogen wurde, ist natürlich eine andere Frage. So gab in den 1990er Jahren sicherlich noch Fachvertreter, die diese Öffnung ziemlich generell bedauerten. Richtig ist aber wohl, dass es sich dabei allmählich um Stimmen aus ‚gallischen Dörfern' handelte, die konzeptionell der *old medical history* zuzurechnen waren, aber nicht mehr das Feld bestimmten. Aufs Ganze gesehen belegen die in diesem Zeitraum zu beobachtenden Forschungsentwicklungen im Fach im Gegenteil einen deutlichen Wandel hin zu einem *agenda setting*, dem nicht nur ein erweitertes Theorien- und Methodenpanorama, sondern auch – das war der eigentlich entscheidende Professionalisierungsschub – ein genuin geschichtswissenschaftliches Desiderats- und Historisierungsverständnis zugrunde lag. Die alte, „hermetisch" betriebene und applikatorische Medizinhistoriogra-

---

[116] Zur weiteren Entwicklung siehe Jütte, Robert, Sozialgeschichte der Medizin. Inhalte – Methoden – Ziele, in: Medizin, Gesellschaft und Geschichte 9 (1990), S. 149-164; Labisch, Alfons/Spree, Reinhard, Neuere Entwicklungen und aktuelle Trends in der Sozialgeschichte der Medizin in Deutschland, in: Vierteljahresschrift für Sozial- und Wirtschaftsgeschichte 84 (1997), S. 171-210, 305-321.
[117] Vgl. Labisch, Alfons, Geschichte, Sozialgeschichte und Soziologie der Medizin. Ein imaginäres Streitgespräch mit Christian Probst, in: Sudhoffs Archiv 80 (1996), S. 1-27, hier S. 25f., Zitat S. 26.
[118] So die Einschätzung der damaligen Vorsitzenden des Fachverbands Medizingeschichte Renate Wittern-Sterzel, wiedergegeben in Brinkschulte, Eva/Müller, Thomas, [Tagungsbericht] Medizingeschichte im Berliner Reformstudiengang, in: Nachrichtenblatt der Deutschen Gesellschaft für Geschichte der Medizin, Naturwissenschaft und Technik 51/1 (2001), S. 190-197, hier S. 192.

phie wurde in diesem Zuge vielfach selbst zum Gegenstand medizinhistoriographischer Aufarbeitung.[119]

Auf biographischem Feld waren es insbesondere die Studien Peter Voswinckels, die in diesem Zusammenhang regelrechte Pionierarbeit leisteten, indem sie die „zweite ‚Verbannung'"[120] der im Nationalsozialismus emigrierten und verfolgten Ärzte in der enzyklopädischen und allgemeinen Biographik nach 1933 *und* nach 1945 in den Blick nahmen.[121] Und auch darüber hinaus blieb das biographische Genre in der Medizingeschichte keineswegs unberührt von der in der ‚allgemeinen' Geschichtswissenschaft eingetretenen „Wiederentdeckung des Menschen" als einer integrativen Erweiterung gerade von alltagshistorischen Fragestellungen.[122] Dass dabei die ‚großen Ärzte' zunehmend aus dem Blick verschwanden, lag sicher auch an einer gewissen prinzipiellen Reaktanz gegenüber den Zugängen der alten Medizinhistoriographie. Eine Alltagsgeschichte der Ärzteschaft war eben „nicht auf den ‚großen Helden' angewiesen".[123] Es kam indessen noch etwas anderes hinzu: Hatte die medizinhistorische Forschung zur NS-Geschichte die ärztlichen Ikonen des Hitler-Staates zunächst durchaus auf ihrer Agenda gehabt,[124] schien diese Beschäftigung schon bald nicht klären zu können, was sich in den achtziger Jahren im Grunde als Kernfrage herauskristallisierte: Warum sich im Dritten Reich die deutsche Ärzteschaft auf allen Ebenen so gut wie widerstandslos in das NS-System und seine Verbrechen hatte einbinden lassen. Es war maßgeblich diese Beobachtung, die – bald auch in anderen Kontexten – dafür sorgte, dass sich der Fokus verlagerte hin zu den strukturellen

---

[119] Siehe etwa für die Geschichte der Pathologie: Bauer, Axel W., Die Funktionalisierung der Pathologiegeschichte durch die „History in Medicine", in: Bröer, Ralf (Hg.), Eine Wissenschaft emanzipiert sich. Die Medizinhistoriographie von der Aufklärung bis zur Postmoderne, Pfaffenweiler 1999, S. 217-234; Prüll, Cay-Rüdiger, Von „grossen Deutschen" und „stolzen Wipfeln" – Die Lehrbücher der deutschen Medizingeschichte und die Pathologie (1858 bis 1945), in: Gesnerus 54 (1997), S. 194-218.
[120] Voswinckel, Peter, Damnatio memoriae. Kanonisierung, Willkür und Fälschung in der ärztlichen Biographik, in: Bayer, Karen/Sparing, Frank/Woelk, Wolfgang (Hg.), Universitäten und Hochschulen im Nationalsozialismus und in der frühen Nachkriegszeit, München 2004, S. 249-270, hier S. 252.
[121] Voswinckel, Peter [Bearb./ Hg.], Biographisches Lexikon der hervorragenden Ärzte der letzten fünfzig Jahre von Isidor Fischer †, Bde. III-IV. Nachträge und Ergänzungen, Bd. 3, Hildesheim u.a. 2002.
[122] Vgl. Gradmann, Helden, 2003 (wie Anm. 4), S. 255f.
[123] Ebd., S. 262.
[124] Siehe den in vielen Punkten für den aktuellen Forschungsstand zur Causa Sauerbruch nach wie vor gültigen Recherchebericht von Kudlien, Fridolf/Andree, Christian, Sauerbruch und der Nationalsozialismus, in: Medizinhistorisches Journal 15 (1980), S. 201-222.

Bedingungen medizinischen Handelns und Forschens, zur Alltagsgeschichte der ärztlichen Profession und zu den Interdependenzen von politischer Kultur- und Medizingeschichte.[125]

In dem Maße, in dem sich die Medizinhistoriographie im Laufe der achtziger Jahre aus ihrer alten Legitimierungsfalle herauslöste, in dem Maße entfaltete sich in den Neunzigern ein sich breit auffächerndes Forschungsinteresse gleichsam analog zu den Entwicklungen dieser Jahre in der Geschichtswissenschaft. Auf biographischem Feld spiegelte sich dies vor allem in der Erschließung des Genres der Patientenbiographie und in der Biographik von Ärztinnen wider.[126] Dazu verloren in den Jahren um 1990 für eine Weile Legitimationsfragen des Faches auch von Seiten der Fakultäten an Bedeutung. Wiederum spielte die Auseinandersetzung mit dem Nationalsozialismus eine Rolle. Für diese Zeit lässt sich erkennen, wie die Fakultäten sich allmählich „ernsthaft bemüht" zeigten, den Prozess der Aufarbeitung nicht als nebensächlich zu betrachten, sondern ihn über Forschungsprojekte zu unterstützen.[127] Gerade dies, die institutionen- und kollektivbiographische Beschäftigung mit den Kontinuitäten des Nationalsozialismus an den Medizinischen Fakultäten über 1945 hinaus, wurde in den Jahren um 1990 Ausweis einer gleichsam autoevidenten Daseinsberechtigung des Faches.[128]

Dies war allerdings nicht von langer Dauer. Bereits zur Mitte des Jahrzehnts sahen sich Medizinhistoriker mit einem an den Medizinischen Fakultäten zunehmenden medizin- respektive bioethischen Diskussionsbedarf konfrontiert – die Themen in Stichworten: Aufstieg der Intensivmedizin, Pränataldiagnostik, Klonen, künstliche Befruchtung, Transplantationsmedizin u.a.m. – , der das Fach innerhalb kürzester Zeit in eine in dieser Form vollständig neue Konkurrenzsituation zur bis dahin in Deutschland eher rudimentär institutionalisierten Medizinethik versetzte. Die Frage der Legitimation wurde erneut aufgeworfen, nun im Hinblick auf ihre Relevanz und Gewichtung neben oder im Dialog mit der Medizinethik. In der Debatte um mögliche Kooperationen zwischen den Diszipli-

---

[125] Vgl. zur Erforschung der NS-Medizingeschichte den Überblick Jütte, Medizin, 2011 (wie Anm. 12).
[126] Vgl. Gradmann, Helden, 2003 (wie Anm. 4), S. 264.
[127] Jütte, Diskursgeschichte, 2011 (wie Anm. 101), S. 316.
[128] Vgl. zu dem 1991 mit der Universität Freiburg beginnenden, mittlerweile für die meisten Universitäten abgeschlossenen Prozess der Aufarbeitung der Geschichte ihrer Medizinischen Fakultäten im Dritten Reich im Überblick ebd., S. 317f.

nen[129] spielte von Seiten der Medizinhistoriker die Skepsis gegenüber einer damit möglicherweise erneut einhergehenden Indienststellung durch die Medizin eine herausgehobene Rolle. Das Verständnis, „der Medizinhistoriographie neben ihrer eigentlichen Aufgabe, der kritischen Analyse der medizinischen Vergangenheit, eine unmittelbare medizinische Funktion zu verleihen,"[130] galt nicht nur als überholt. Der Heidelberger Medizinhistoriker Ralf Bröer dürfte damals auf breite Zustimmung im Fach gestoßen sein, als er schrieb, derartige Versuche „stehen immer in der Gefahr, Geschichte zum Steinbruch zu erniedrigen, aus dem man nach Belieben Material für externe Zwecke herauslösen kann, etwa für den Aufbau einer Theorie oder in jüngster Zeit einer Ethik der Medizin. Eine ganz andere Frage ist es natürlich, zu welchen Manövern die an den medizinischen Fakultäten institutionalisierte und in ihrem Bestand gefährdete Medizinhistoriographie gezwungen sein könnte, um ihr Überleben als akademische Disziplin zu sichern."[131]

Das war zu diesem Zeitpunkt zugleich bereits einigermaßen luzide formuliert. Politisch mündeten die „Manöver", auf die Bröer anspielte, im Jahr 2002 in eine Änderung der Approbationsordnung, welche die Schaffung eines neuen Pflichtfaches im Medizinstudium, „Geschichte, Theorie und Ethik der Medizin" (kurz: „GTE"), vorsah. Als „Querschnittsfach" hielt es in den 2000er Jahren Eingang an den ‚alten' Instituten für Geschichte der Medizin. Medizingeschichte wurde Subdisziplin.

---

[129] Siehe u.a. Toellner, Richard/Wiesing, Urban (Hg.), Geschichte und Ethik in der Medizin. Von den Schwierigkeiten einer Kooperation (Medizin-Ethik, Bd. 10), Stuttgart u.a. 1997; Paul, Norbert/Schlich, Thomas (Hg.), Medizingeschichte. Aufgaben, Probleme, Perspektiven, Frankfurt am Main/New York 1998; Bröer, Ralf (Hg.), Eine Wissenschaft emanzipiert sich. Die Medizinhistoriographie von der Aufklärung bis zur Postmoderne, Pfaffenweiler 1999.
[130] Bröer, Ralf, Die Medizinhistoriographie von der Aufklärung bis zur Postmoderne, in: Ders. (Hg.), Wissenschaft, 1999 (wie Anm. 130), S. 3-15, hier S. 5.
[131] Ebd.; mit dieser Stoßrichtung auch Kümmel, Nutzen, 1997 (wie Anm. 37), S. 15; vgl. auch ders., „Instrument", 2001 (wie Anm. 43), S. 207, der Sudhoffs weiter oben zitierte Leipziger Antrittsrede als in Teilen „heute noch gültig" ansah, u.a. weil „die wissenschaftliche Arbeit auf dem medizinhistorischen Feld keinerlei Nützlichkeitsnachweisen unterworfen sein [solle], schon gar nicht sollte die Existenzberechtigung des Faches davon abhängig gemacht werden [...]".

III

Sicher ist es für das Fach Medizingeschichte nicht ganz so schlimm gekommen wie von einigen prophezeit: Weder habe sie „ihre kritische Funktion eingebüßt", konstatierten zuletzt Heiner Fangerau und Igor Polianski, noch sei sie insgesamt „zu einem märchenhaften Beiwerk der Medizin verkommen."[132] Allerdings unterscheidet sich das aktuelle Profil der institutionalisierten Medizinhistoriographie in Deutschland doch sehr grundlegend von dem der achtziger und neunziger Jahre.

Ihr Profil ist vor allem unschärfer geworden. Die Rolle der Medizingeschichte innerhalb der Fächertrias war von Beginn an unklar umrissen, auch weil es für das Fach GTE keine Vorbilder gibt. In dieser Kombination ist es präzedenzlos. Als *eine* Disziplin findet es sich nirgendwo auf der Welt; und leider stimmt ja auch, was nach der Latenzphase von GTE allerdings nur noch selten zu lesen war, dass dieses Fach seine Existenz „nicht sachlichen Gründen zu verdanken hat, sondern professionspolitischen Überlegungen".[133] Aber damit hingen natürlich und hängen weiterhin die Schwierigkeiten der „Erschließung" seines auch anderthalb Jahrzehnte später „nur notdürftig definierten Terrains"[134] maßgeblich zusammen.

In den mittlerweile vorliegenden GTE-Einführungs- und Diskussionskompendien zeigen sich die Probleme vor allem darin, dass es zwar gelingt, exemplarisch „Schlüsselthemen"[135] zu benennen, die alle drei Teilbereiche tangieren (können), was in der Lehre häufig auch spielend gelingt, wohingegen in der Forschung dem Dialog bzw. der Zusammenführung der Erkenntnis- und Methodenspektren dreier Disziplinen sehr viel engere Grenzen gezogen sind, als man dies am Anfang wohl auch mit Blick auf „die Gefahr der Nivellierung des gesamten Themenfeldes"[136] gesehen hat. Die Entwicklungen in der Medizingeschichte seit den

---

[132] Fangerau/Polianski, Geschichte, 2012 (wie Anm. 2), S. 9.
[133] Jütte, Robert, Was macht der weiße Kittel?, in: Frankfurter Allgemeine Zeitung, Nr. 264/(13.11.) 2006, S. 37.
[134] Fangerau/Polianski, Geschichte, 2012 (wie Anm. 2), S. 11.
[135] Steger, Florian, GTE Medizin, Göttingen 2011; Fangerau, Heiner/Polianski, Igor J., Geschichte, Theorie und Ethik der Medizin. Eine Standortbestimmung, in: dies. (Hg.), Medizin im Spiegel ihrer Geschichte, Theorie und Ethik. Schlüsselthemen für ein junges Querschnittsfach (KulturAnamnesen, Bd. 4), Stuttgart 2012; Schulz, Stefan et al. (Hg.), Geschichte, Theorie und Ethik der Medizin. Eine Einführung, Frankfurt a. M. 2006.
[136] So Fangerau/Polianski, Geschichte, 2012 (wie Anm. 2), S. 10, hier jedoch mehr vor dem Hintergrund der personellen Situation als einem „kleinen Fach".

2000er Jahren sind umso schwieriger zu überschauen, als die einzelnen Universitätsinstitute sehr unterschiedlich mit der neuen Situation verfahren sind. Einige setzen ihre Schwerpunkte seither in einem der Teilbereiche, andere in zweien, wieder andere definieren sich als ‚Allrounder'. In der ‚ersten Generation GTE' verliefen die Wege der Medizinhistoriographie entsprechend disparat.

Fragt man indessen danach, wo sich generell etwas ‚gedreht' hat, lässt sich dies wohl noch am ehesten daran festmachen, dass sich das Argument des „hermetischen Raums" quasi umgekehrt hat: Medizinhistoriographie werde von Ärzten, so Alfons Labisch im Jahr 2004, „häufig so wahrgenommen, als sei die Medizingeschichte speziell und die Wissenschaftsgeschichte insgesamt nun vollends ein hermetisches Unternehmen geworden – fern von der Medizin, fern auch von jedem Alltagsverständnis und jeder Alltagserwartung ärztlicher Kolleginnen und Kollegen scheinen die Medizinhistoriker vornehmlich mit sich selbst beschäftigt. Hier müssen sich Medizinhistorikerinnen und Medizinhistoriker wohl auch an die eigene Brust schlagen. Debatten um ‚historische Sozialwissenschaft', ‚radikalen Konstruktivismus', ‚science studies' oder ähnliche Wort-Ungeheuer sind sicherlich nicht das, was Mediziner von uns erwarten. Allzu häufig verwechseln die Protagonisten den theoretischen Richtungsstreit und die methodologische Grundsatzdebatte mit den Erträgen der Forschung."[137]

Diese Kritik, gewissermaßen mit dem Rücken zur Ärzteschaft zu forschen, traf offenbar einen Nerv, verband sich in den folgenden Jahren allerdings auch mit der Wahrnehmung eines weiter gestiegenen „Legitimationsdrucks".[138] Damit mag auch zusammenhängen, dass das Fach in den vergangenen etwa zehn Jahren einen auf mehreren Ebenen unübersehbaren, in seinen mittlerweile angenommenen Formen und perspektivischen Konsequenzen problematischen Trend zur Re-Medikalisierung erlebt hat.

---

[137] Labisch, Historizität, 2004 (wie Anm. 53), S. 12.
[138] Von kaum etwas ist jedenfalls in der konzeptionellen Diskussion seit den 2000er Jahren mehr zu lesen als eben hiervon, wobei Legitimationsdruck und Legitimationsbedürfnis häufig nur schwer voneinander zu unterscheiden sind. Siehe u.a. Helm, Jürgen, Medizinhistorische Lehre im Querschnittsbereich Geschichte, Theorie und Ethik der Medizin. Bedrohung oder Chance?, in: Medizinhistorisches Journal 43 (2008), S. 202-215; Schott, Heinz, Medizingeschichte und Ethik. Zum Gedenken an Rolf Winau (1937-2006), in: Medizinhistorisches Journal 43 (2008), S. 87-100; Polianski/Fangerau, Geschichte, 2012 (wie Anm. 3); Schulz, Stefan et al., Wie wichtig ist der Unterricht in Medizinethik und Medizingeschichte im Medizinstudium? Eine empirische Studie zu den Einschätzungen Studierender, in: GMS. Zeitschrift für Medizinische Ausbildung 29/1 (2012), S. 1-18.

Dieser Wandel zeigte sich nicht nur äußerlich – Beispiele bieten hier etwa die wieder zugenommene Orientierung an medizinspezifischen Regularia in der Publikationspraxis,[139] die Wiederkehr der Einforderung einer – und zuallererst – medizinischen Qualifikation des Spitzenpersonals[140] oder zuletzt die Diskussion um neue Konzepte der Präsentation von Medizingeschichte in der Lehre.[141] Dass sich dieser Trend ebenso in der Forschung feststellen lässt, liegt natürlich einerseits an der im hybriden Zuschnitt von GTE angelegten, seither enger gesuchten thematischen Verbindung vor allem von medizinhistorischen mit -ethischen Fragestellungen: Langfristig gesehen könne oder solle dabei die Medizinethik „ein *Orientierungswissen* für die Geschichte der Medizin" bereitstellen, das gleichsam nachfrageorientiert „die konkreten Produkte des (Medizin-)-Historikers, also seine Geschichten: sein Erkenntnisinteresse, seine Fragen an die Vergangenheit, damit seine Arbeitsmethoden und auch seine Quellenaus-

---

[139] Für heute in das Fach kommende Historiker sehr gewöhnungsbedürftig, äußert sich dies z.b. in Form von sog. Erst-, Zweit- und Sandwich-Autorschaften, die in den Geisteswissenschaften unbekannt sind. Diese Orientierung an medizinspezifischen Regularia erklärt sich auch, aber nur z. T. aus der Übernahme traditioneller Konventionen der medizinischen Publikationspraxis, sondern hat ihre aktuellen Ursachen nicht zuletzt auch in einem an den Medizinischen Fakultäten eingeführten Verrechnungssystem von Publikationsleistungen und lief überdies parallel zur Zunahme von Mehrautorschaften als Folge der zunehmenden Interdisziplinarität nach der Einführung des Querschnittsfachs. Zu letzterem vgl. Halling, Thorsten/Koppitz, Ulrich, „An der Türe bitte ich ein Schild anzubringen mit der Aufschrift: Institut für geschichtliche Medizin". Zur Entwicklung der Medizingeschichte in Düsseldorf, in: Vögele, Jörg Vögele/Fangerau, Heiner/Noack, Thorsten (Hg.), Geschichte der Medizin – Geschichte in der Medizin. Forschungsthemen und Perspektiven (Medizingeschichte, Bd. 2), Hamburg 2006, S. 215-229, hier S. 221f.
[140] Einer Einschätzung Labischs zufolge – siehe ders., History, 2009 (wie Anm. 3), S. 19 – ist diese Auffassung (mittlerweile wieder) Konsens unter den Lehrstuhlinhabern in Deutschland.
[141] Siehe dazu das vom Ulmer GTE-Institut entworfene Lehrkonzept, das auf der einen Seite ein seltenes Beispiel für eine theoretisch fundierte Verbindung der drei Fächer darstellt und kulturwissenschaftliche Wege einschlägt. Symptomatisch aber scheint wiederum auf der anderen Seite, dass es in Abgrenzung zum „Zurück zu Humboldt"-Ruf das Ziel verfolge, „nicht [mit der] unter ständigem Rechtfertigungsdruck stehende[n] und von Studenten unbeliebte[n], historische[n] Methode' in ihrer Alterität und Subjektivität der in exaktwissenschaftlicher ‚Geistlosigkeit' versunkenen Welt der Hightech-Medizin aus ihrer Misere [zu] helfen. [...] Vielmehr geht es uns darum, Geschichte, Theorie und Ethik der Medizin selbst als weitgehend ‚exakte' Disziplinen eigenen Rechts in integrierter Form in einer Medizinischen Fakultät anschlussfähig zu machen und auf der Höhe der Zeit zu vermitteln". Polianski, Igor J. Polianski/Fangerau, Heiner, Zwischen Mythos und Evidenz? Legitimationsdruck und Theoretisierungszwang in der Geschichte, Theorie und Ethik der Medizin, in: Fangerau/Polianski (Hg.), Medizin, 2012 (wie Anm. 136), S. 20-34, hier S. 32.

wahl" ausrichten könne.[142] Andererseits reagierten Medizinhistoriker auf die Einführung von GTE mit eigenen Konzepten zur Eroberung der (klinischen) Gegenwart als Alternative oder Ergänzung zur häufig als dominierend empfundenen Rolle der Medizinethik.[143] Vor allem Überlegungen zur Rehabilitierung einer anwendungsorientierten Funktionalisierung von Medizinhistoriographie, als einer „Geschichte *in* der Medizin", stehen wieder zur Disposition: Sie könne Medizinern als „Orientierungswissenschaft" dienen, wenn sie gezielt aktuelle medizinische Probleme aufgreift, um zu deren Lösung beizutragen.[144]

Auf die Wahrnehmung und den Zuschnitt aktueller medizinhistorischer Forschung in Deutschland wirkten sich indessen auch die Effekte einer Re-Medikalisierung des Zuschnitts und der Distribution ihrer Forschungsbeiträge aus, die nur teilweise mit den beschriebenen Entwicklungen zusammenhängen. Seit den 2000er Jahren, parallel zur Einführung von GTE, sehen sich Medizinhistoriker mit einer Forcierung der Spielregeln an den Medizinischen Fakultäten konfrontiert, an denen die Ausrichtung nach dem Modell des *New Public Management*[145] weit vorangeschritten ist. In diesem Zusammenhang hat insbesondere die ‚Messung' von Publikationsleistung durch die „Leistungsorientierte Mittelvergabe" (LOM) zu Veränderungen im Publikationsverhalten geführt. In der ‚ersten Generation GTE' sorgte die LOM zum einen für eine immense, in der Fachgeschichte nach den Boom-Jahren unvergleichliche, zwischenzeitlich aber mit diesen vergleichbar gewordene Beschleunigung der Publikations*frequenz*. Zum anderen ist in der LOM infolge ihres primär auf medizinische und naturwissenschaftliche, nicht (medizin-)historiographische Fachzeitschriften ausgerichteten Schemas der ‚Messung' von Publikationsleistung (Impact-Dotierung) eine lenkende Wirkung auf den Publikations*ort* und die Publikations*form* medizinhistorischer Forschungsbeiträge angelegt. Der in den Ge-

---

[142] Schulz, Stefan, Medizingeschichte(n), in: ders. et al. (Hg.), Geschichte, 2006 (wie Anm. 136), S. 46-58, hier S. 54f. (Hervorh. i. Orig.).

[143] Mit dieser Eroberung der Gegenwart mag auch zusammenhängen, dass die Frequentierung medizinhistorischer Themen aus der Vormoderne erheblich abgenommen hat. Zu diesem Problem zuletzt: Lohff, Brigitte, Verleihung des Förderpreises der DGGMNT 2012, in: Nachrichtenblatt der Deutschen Gesellschaft für Geschichte der Medizin, Naturwissenschaft und Technik 2/2012, S. 30-34, hier S. 34.

[144] Siehe u.a. Labisch, Alfons, Stand und Perspektiven der Medizingeschichte in Deutschland – für Ulrich Hadding, in: Medizinhistorisches Journal 37 (2002), S. 352-380; ders., Historizität, 2004 (wie Anm. 53); ders., Geschichte, 2006 (wie Anm. 24).

[145] Vgl. dazu die Kritik bei Münch, Richard, Akademischer Kapitalismus. Über die politische Ökonomie der Hochschulreform, Berlin 2011, bes. S. 132ff.

schichts- wie auch allgemein in den Geisteswissenschaften weiterhin gültige „Goldstandard",[146] die Monographie, fällt durch das Impact-Raster hindurch und ist seitdem auf dem Rückzug.[147] Zunehmend hingegen wird wieder das Publizieren in fachmedizinischen Foren stimuliert, was neben einer tendenziellen Wiederbelebung der alten Eindimensionalität in der Adressierung Konsequenzen hat für den Zuschnitt und die historiographische Rezeption, überhaupt wohl für die Wahrnehmung dessen, was medizinhistoriographisch aktuell ‚passiert'.

Insofern scheint auch der LOM, wenngleich etwas abgefedert durch eine Empfehlung des Fachverbands Medizingeschichte und der Akademie für Ethik in der Medizin an die Fakultäten, durch ein separates System auch Sammelbandbeiträge in der ‚Messung' von Publikationsleistung zu berücksichtigen,[148] ein Anteil an der Umformung der Fachkultur, ihren Akzentverschiebungen seit den 2000er Jahren zuzukommen. Die Problemstellungen der Fächertrias insgesamt definieren sich mehr und mehr über die ‚klinische' Relevanz, und diese Verlagerung macht sich auch innerhalb der Medizinhistoriographie bemerkbar. Medizinhistoriographie fragt wieder mehr danach, wo sie sich unter dem Dach der Medizinischen Fakultät ‚nützlich' machen, unmittelbar greifbare – das *catch word* der 2000er Jahre – „Benefits" für die aktuelle Medizin liefern könne.

Die skizzierten Entwicklungen erklären, weshalb sich in Deutschland der Abstand zwischen der Medizinhistoriographie und der ‚allgemeinen' Geschichtswissenschaft wieder merklich vergrößert hat. War schon vor einigen Jahren beobachtet worden, dass das „Gebiet einer allgemeinen Sozial- und Wissenschaftsgeschichte der Medizin [...] die etablierte Medizingeschichte weitgehend an die Philosophischen Fakultäten verloren" hat,[149] so präsentiert sich für die aktuelle Situation als charakteristisch, in welchem Maße Anstöße und Plädoyers, jene Desiderate und Forschungstrends wahrzunehmen, mit denen Anschlüsse an neuere thematische und methodische Zugänge in der ‚allgemeinen' Geschichts-

---

[146] Peter Haber, zit. nach Stallknecht, Michael, Bloggen oder nicht bloggen?, in: Süddeutsche Zeitung, Nr. 61, 13. 03.2012, S. 11.
[147] Das gilt inzwischen z. T. auch für Qualifikationsarbeiten (kumulative Form).
[148] Vgl. URL: http://www.fachverband-medizingeschichte.de/4service/GTE_impact.pdf (letzter Zugriff am 13.02.2013).
[149] Labisch, Stand, 2002 (wie Anm. 145), S. 367.

wissenschaft gefunden werden sollen, in weiten Teilen des Faches zu verpuffen scheinen.[150]

Auch auf biographischem Feld ist die Erosion des Dialogprozesses mit der ‚allgemeinen' Geschichtswissenschaft sichtbar. Hatten die infolge von Ulrich Herberts *Best*-Biographie (1996) neuen Perspektiven auf die NS-Funktionseliten und deren generationeller Prägung in der Medizinhistoriographie noch Spuren hinterlassen,[151] fällt in der Zwischenzeit ins Auge, gewissermaßen analog zum Abtreten auf den Gebieten der ‚allgemeinen' Sozial- und Wissenschaftsgeschichte, dass Biographien über ‚große Ärzte' der Moderne, die von Medizinhistorikern als Beispiele für „[h]erausragende neuere medizinhistorische Biographien"[152] genannt werden können, zum ganz überwiegenden Teil nicht aus der institutionalisierten Medizinhistoriographie hervorgegangen sind, sondern aus der Feder von ausgewiesenen ‚Allgemeinhistorikern ' bzw. von Wissenschaftshistorikern aus dem angloatlantischen Raum stammen.[153]

Viel und kritisch biographiert wird von Medizinhistorikern in Deutschland weiterhin vor allem im Bereich drittmittelgeförderter NS-Medizinforschung, die jüngst durch die Beschlüsse gleich mehrerer medizinischer Fachgesellschaften, unter medizinhistoriographischer Federführung die eigene Geschichte aufzuarbeiten, noch einmal einen Aufschwung erhielt.[154] Die Potenziale des Genres der Biographik flackern hier auch immer wieder in Form der ‚kleinen' Biographie

---

[150] Siehe zuletzt die programmatischen Plädoyers zum medizinhistoriographisch noch weitgehend unbestellten Feld der Zeitgeschichte nach 1945: Hofer, Hans-Georg, Medizin und Gesellschaft in Westdeutschland 1945-1970. Koordinaten, Kontexte, Korrelationen, in: Medizinhistorisches Journal 45 (2010), S. 1-23; Tümmers, Henning, „Synthesekern" Aids. Forschungsperspektiven und Plädoyer für eine Zusammenführung von Zeit- und Medizingeschichte, in: Wahrmann, Carl Christian/Buchsteiner, Martin/Strahl, Antje (Hg.), Seuche und Mensch. Herausforderung in den Jahrhunderten (Historische Forschungen, Bd. 95), Berlin 2012, S. 429-445; Thießen, Malte, Medizingeschichte in der Erweiterung. Perspektiven für eine Sozial- und Kulturgeschichte der Moderne, in: Archiv für Sozialgeschichte 53 (2013), S. 535-599.
[151] Literaturverweise bei Kühl/Ohnhäuser/Westermann, Verfolger, 2010 (wie Anm. 10).
[152] Eckart/Jütte, Medizingeschichte, 2007 (wie Anm. 9) , S. 13.
[153] Vgl. ebd., S. 13 und 222f.; Gradmann, Jenseits, 2009 (wie Anm. 4).
[154] Siehe hierzu die nun vorliegenden Forschungsergebnisse zur Geschichte der jeweiligen Fachgesellschaften für Urologie, Chirurgie und Nervenheilkunde: Krischel, Matthis et al. (Hg.), Urologen im Nationalsozialismus. Zwischen Anpassung und Vertreibung, 2 Bde., Berlin 2011; Sachs, Michael/Schmiedebach, Heinz-Peter/Schwoch, Rebecca, Deutsche Gesellschaft für Chirurgie 1933-1945. Die Präsidenten, Heidelberg 2011; Roelcke, Volker/Schneider, Frank (Hg.), Psychiater im Nationalsozialismus. Täterbiographien, Themenschwerpunktheft Der Nervenarzt 83 (2012).

durch, insbesondere dann, wenn ihre Beiträge methodisch und theoretisch eingebettet werden.[155] Die an einem emblematischen ‚großen' Fall die Kontexte weiter aufspannende und verdichtende, sich an ein breites Publikum richtende Biographie fehlt jedoch weithin.

Eher zufällig zeigten sich denn auch in einem anderen Zusammenhang innerhalb der deutschsprachigen Medizinhistoriographie die Potenziale der monographischen Darstellung der ‚Großen', als der Medizinhistoriker Axel C. Hüntelmann 2011 quasi aus heiterem Himmel eine viel beachtete Paul Ehrlich-Biographie vorlegte, die tatsächlich eher zufällig zustande gekommen war (es handelte sich um eine Auftragsarbeit für die Paul-Ehrlich-Gesellschaft).[156] Hier erwies sich das Genre aufgrund seiner Eigenschaft als „Sonde" und seines Methodenpluralismus nicht zuletzt auch als eine Möglichkeit, aktuelle medizinhistoriographische Forschung wieder näher an Fragen ihres eigentlichen historiographischen Mehrwerts – bei Hüntelmann ist es die an die „ambivalente Moderne" gebundene Frage der Wissensproduktion über wissenschaftliche Netzwerke – heranzuführen.

In diesem Sinne könnte eine Wiederentdeckung der ‚Großen' dabei behilflich sein, zentralen Fragestellungen der Medizingeschichte wieder mehr Gewicht zu verleihen, die nach den neunziger Jahren in den Hintergrund gerückt sind. Dies betrifft mit Blick auf das 20. Jahrhundert vielleicht vor allem die Erweiterung ihrer bis in die neunziger Jahre hinein dominierenden sozialgeschichtlich geprägten Zugänge zur Professionsgeschichte um mentalitätshistorische Perspektiven.[157] Ein Beispiel, sicher ein hervorstechendes, bieten mit Blick auf Deutschland die zuletzt im Umfeld des „centenaire" deutlich gewordenen Forschungslü-

---

[155] Ein Beispiel hierfür bietet ein Themenheft der Zeitschrift *Der Nervenarzt* über „Täterbiographien", in dem auf Ärztebiographien die Thesen Volker Roelckes zur „Inhärenz" potenzieller Entgrenzung von Medizin in der Moderne getestet werden. Roelcke/Schneider (Hg.), Psychiater, 2012 (wie Anm. 154); zum theoretischen Zugriff siehe auch Roelcke, Wissenschaft, 2015 (wie Anm. 5).
[156] Hüntelmann, Axel C., Paul Ehrlich. Leben, Forschung, Ökonomien, Netzwerke, Göttingen 2011. Siehe methodologisch instruktiv zur Netzwerkanalyse in der Medizingeschichte auch Fangerau, Heiner, Spinning the scientific web. Jacques Loeb (1859-1924) und sein Programm einer internationalen biomedizinischen Grundlagenforschung, Berlin 2010.
[157] Insgesamt präsentiert sich die medizinhistorische Mentalitätsforschung zum 20. Jahrhundert noch als ein Flickenteppich. Siehe für die Jahre des Ersten Weltkriegs die wegweisende Studie Michl, Susanne, Im Dienste des „Volkskörpers". Deutsche und französische Ärzte im Ersten Weltkrieg (Kritische Studien zur Geschichtswissenschaft, Bd. 177), Göttingen 2007.

cken über die Nachwirkungen des Ersten Weltkriegs[158] und der Mangel an Studien, die systematisch die für die medizinische Profession signifikanten mentalitätshistorischen Kontinuitätslinien und Umformungsprozesse zwischen Kaiserreich und deutscher Teilung untersucht und Periodisierungen ermöglicht hätten.[159]

So sehr sich hierbei aufbauen ließe auf den vorliegenden sozialgeschichtlichen Untersuchungen,[160] auch auf den etwas in Vergessenheit geratenen Studien aus den Neunzigern zum „ärztlichen Selbstbild"[161] sowie methodologisch weiterhin auf Flecks Figur des wissenschaftlichen „Denkstils": Was heute sicherlich genereller näher in den Blick fallen müsste und kaum untersucht wurde, ist der Resonanzboden, auf den in den deutschen politischen Systemen des 20. Jahrhunderts das ‚ideale' Arztbild und dessen Performanz innerhalb der Referenzsysteme Ärzteschaft, Politik und Öffentlichkeit gefallen sind. Naheliegende Zugänge liefern in jüngster Zeit diverse historiographische Studien, die perzeptionshistorische und biographische Methodiken kombinieren. Sie haben ikonisierte historische ‚Größen' und deren „geschichtspolitisches Bewusstsein" (Wolfram Pyta) in den Mittelpunkt gerückt und sich gerade hinsichtlich übergeordneter

---

[158] Siehe programmatisch Prüll, Cay-Rüdiger, Die Bedeutung des Ersten Weltkriegs für die Medizin im Nationalsozialismus, in: Krumeich, Gerd, in Verbindung mit Hoffstadt, Hoffstadt/Weinrich, Arndt (Hg.), Nationalsozialismus und Erster Weltkrieg, Essen 2010, S. 363-378.
[159] Neuerliche Anstöße dazu lieferte im Umfeld des „centenaire" die um erstmals um eine Synthese des Forschungsstands bemühte, die frühe Nachkriegszeit sehr bewusst in die Analyse miteinbeziehende Studie: Eckart, Wolfgang U., Medizin und Krieg. Deutschland 1914-1924, Paderborn 2014. Weiterführend spannen den Zugriff – über Weltkrieg-Eins/Zwei- und internationale Vergleiche – auf: Prüll, Bedeutung, 2010 (wie Anm. 58); dies. (Prüll, Livia)/Rauh, Philipp (Hg.): Krieg und medikale Kultur. Patientenschicksale und ärztliches Handeln in der Zeit der Weltkriege 1914-1945, Göttingen 2014; Schmuhl, Hans-Walter/Roelcke, Volker (Hg.), „Heroische Therapien". Die deutsche Psychiatrie im internationalen Vergleich 1918-1945, Göttingen 2013.
[160] Zum sozialgeschichtlichen Ansatz weiterhin v.a.: Jütte, Robert (Hg.), Geschichte der deutschen Ärzteschaft. Organisierte Berufs- und Gesundheitspolitik im 19. und 20. Jahrhundert, Köln 1997; Kater, Michael H., Ärzte als Hitlers Helfer, Hamburg 2000.
[161] Siehe Schmiedebach, Heinz-Peter, Zur Standesideologie der Weimarer Republik am Beispiel Erwin Lieks, in: Pross, Christian/Aly, Götz (Red.), Der Wert des Menschen. Medizin in Deutschland 1918-1945, Berlin 1989, S. 26-34; Leven, Karl-Heinz/Prüll, Cay-Rüdiger Prüll (Hg.), Selbstbilder des Arztes im 20. Jahrhundert. Medizinhistorische und medizinethische Aspekte (Freiburger Forschungen zur Medizingeschichte, N. F. Bd. 16), Freiburg i. Brsg. 1994; Wiesing, Persönlichkeit, 1996 (wie Anm. 48); ders, Einsamkeit, 1997 (wie Anm. 48).

mentalitätshistorischer Perspektivierungen als ausgesprochen aufschlussreich herausgestellt.[162]

Dabei könnte es endlich auch darum gehen, den von Medizinhistorikern zwar häufig benannten, aber im Hinblick auf seine innermedizinischen, gesellschaftlichen und politischen Funktions- und Wirkungsweisen noch nicht systematisch untersuchten „Arztmythos" im 20. Jahrhundert zu befragen. Wie ‚funktionierte' die „Arbeit am Mythos" und wie die „Arbeit mit dem Mythos"? Mit welchem geschichtspolitischen Bewusstsein war gerade auch das ‚Netzwerken' verbunden? Welche machtpolitische Dimension hatte dies innermedizinisch sowie im politischen und im öffentlichen Raum? Ungeklärt ist beispielsweise die Frage, welchen ‚Platz' die zum Nationalgut erhobenen Ärzte im Wechsel der ‚medikalen Kulturen' und in außermedizinischen Referenzsystemen einnahmen. Was erklärt eigentlich die ungeheure, offenkundig auch ‚echte' allgemeine Popularität eines Sauerbruch bei den Deutschen, in seinem Fall: über fünf politische Systembrüche hinweg?

Vielleicht kann man ganz generell sagen, dass die Biographik der ‚Großen' aufgrund ihres Zuschnitts, sozusagen automatisch auch nach dem historiographischen Mehrwert fragen zu ‚müssen', einen von mehreren möglichen Wegen offeriert, mit denen sich wieder mehr anknüpfen ließe an das medizinhistoriographische Erbe der neunziger Jahre. Dies erscheint gegenwärtig umso dringlicher, als eine zunehmend auf den unmittelbar greifbaren ‚klinischen' Mehrwert ihrer Forschung fokussierte, in ihrer Adressierung zunehmend verengte Medizinhistoriographie die Möglichkeit ihrer Verinselung auf der universitären historiographischen Landkarte als problematisch wahrnehmen sollte. – Unabhängig davon, dass eine historisch-kritische Wiederentdeckung der ‚Großen' auch unter dem Dach der Medizinischen Fakultät ‚nützlich' sein kann, scheint sich doch, worauf die eingangs skizzierte Indizienkette innermedizinischer Zugänge zum Wesen der Profession und ihrer ‚großen Ärzte' hindeutet, der „Arztmythos" nirgendwo mehr am Leben gehalten zu haben als innerhalb der Ärzteschaft selbst.

---

[162] In der Historiographie wurde dieses methodische Verfahren besonders eindrucksvoll in Bezug auf Hindenburg und seinen Kult angewandt. Siehe Pyta, Wolfram, Hindenburg. Herrschaft zwischen Hohenzollern und Hitler, München 2007; von der Goltz, Anna, Hindenburg. Power, Myth, and the Rise of the Nazis, Oxford 2009.